DATA ASSET THEORY

数据资产论

王汉生◎著

中国人民大学出版社
·北京·

前　言

人们都说，这是一个大数据时代，是数据产生价值的时代，更是数据成为资产的时代。真的是这样吗？

要认真探讨这个问题并不容易。首先，要理解什么是数据。对于数据，可以给出多种不同的定义，各有其道理。但是，哪种定义能够帮助我们更好地理解数据产业？理解它的昨天，今天，还有明天呢？其次，要理解什么是资产。会计学对资产的定义是什么？数据就是资产，这个说法站得住脚吗？根据会计学的定义，资源要成为资产有一个必要条件：带来预期的经济收益。那么什么是经济收益？我认为就是商业价值。由此可见，不是所有的数据都可以称为资产，只有那些能够产生商业价值的数据才可以称为资产。因此，数据创造价值的过程，就是数据资源资产化的伟大历程！

数据如何产生价值？纯粹而孤立的数据有商业价值吗？没有。数据价值的彰显需要一个必要条件：业务场景。只有合适的数据配合合适的业务场景，才能产生价值。业务场景可以孤立于数据之外而产生价值，但是数据却无法孤立于业务场景之外产生价值。因此，数据价值之道在于：场景为王，数据次之，算法最后。所以，数据分析的第一步，也是最重要的一步，不是分析数据，不是建立模型，而是分析业务。对业务缺乏充分的理解，不可能让数据产生价值。为此，需要一套规范的方法论，帮助我们从业务角度定义数据分析，从数据分析角度实践业务。这就需要具备一种能力，即把抽象的业务问题转变为数据可分析问题。这是数据分析最困难、最具挑战也是最了不起的地方。为此，你需要重新理解：什么是回归分析。

人们通过各种数据建模的技术手段，对业务的核心指标做出预测，希望可以无限准确。但悲催地发现，无论如何努力都无法做到非常高的预测精度。你可能开始怀疑人生，变得焦虑、苦恼、迷失方向。其实不必慌张，这一切都很正常，这才是数据分析的真实世界。对真实的数据分析而言，预测不准是常态，预测过度准确才是一个让人非常担忧的"变态"。为什么？因为预测过度准确常常是一个假象、一个幻觉。预测过度准确可能是人们犯了愚蠢的错误。所以，任何时候我看到预测过度准确的模型，第一反应是：错了！从未失手！因此，你需要坦然接受预测不准的常态，这是大千世界无常的一个正常反映。所谓无常就是难以预知的变化，就是不确定性！在实践中，不确定性随处可见。不确定性常常由两部分组成：一是无知；二是无奈。无知可以通过数据分析、模型学习慢慢化解；无奈却让人束手无策，而无奈恰恰决定了预测不准是常态！

既然预测不准是常态，为什么还要做预测？一个预测不准的场景能有什么用处？其实，这才是数据模型最有价值的场景。在这个场景下，由于不确定性的影响，数据模型预测精度可能算不上完美，但是没有数据模型加持的经验方法往往表现更差。因此，数据模型的价值主要体现在预测精度的相对优势上（相对于经验方法），而不是对绝对预测精度的无限追求。事实上，对于一个业务场景，如果数据模型可以预测准确，那么经验方法常常也会表现优异，甚至与数据模型旗鼓相当。此时，数据模型并没有相对优势。深刻理解了预测不准是常态这一道理，你的世界观就变了。虽然仍在努力改进数据，改进模型，提高预测的精度，但已不再排斥不确定性。开始拥抱预测不准这一常态，看待数据商业价值的高度也就变了！

任何事物都有它的两面性。数据带来价值的同时，也带来了伤害：隐私泄露。相信你也深受其害。我家小朋友上了一个英语补习班，其他英语学校的骚扰电话就接踵而来，不胜其烦！因此，全社会对于隐私保护的意识越来越强烈。但为了隐私保护而保护隐私，就如同医生给病人看病，头痛医头，脚痛医脚，不治根本。隐私保护的根本是：数据确权与合规。仔细思考，什么是隐私保护？就是保护同隐私相关的数据。为此，你需要得到法律的支持，即我才是这个数据唯一的合法拥有者。因此，需要对数据确立清晰的产权，这就是数据确权。数据确权非常重要，不局限于隐私保护。如果数据的产权都不明晰，它又怎能成为可交易的数据资产呢？但现实中的关键问题是：数据如何确权。数据资源的生产过程很复杂，往往多方参与其中（企业、政府、用户等），而且数量巨大（海量用户）。这一点同实物资产很不一样，需要一些独特的创新，需要法学的智慧！

最后讨论的是，数据资产如何定价？定价的逻辑是什么？同实物资产相比，有什么异同之处？数据资产与实物资产的相同之处在于，资产的价格无法通过一个神奇的数学公式准确计算。因为同样的资产（无论是数据资产，还是实物资产），在不同的场景下价值各不相同，无法给出一个绝对准确的价格。而资产只能遵循最基本的经济学供求关系：高价格提高供给、降低需求，低价格降低供给、提高需求。但是，价格与供需之间到底是什么样的数学关系，无法描述，只能交给市场，通过大量的交易自动碰撞摸索形成。因此，交易才是定价的核心微观基础。要想给数据资产定价，就要促进数据资产交易。那么数据资产应该如何交易？交易的形态应该如何设定？数据资产和实物资产的不同在于，复制成本几乎为零。因此，如果数据资产模仿实物资产，以金钱为媒介进行交易恐怕欠妥。因为购买方可以零成本立刻复制多份盗版向市场非法售卖，其监管成本极其高昂。由此，我大胆猜测，数据资产交易需要一种独特的交易形态和交易场所。这是本书最后为大家分享的内容。

以上就是本书想要讨论的内容，总结了我对数据产业的思考和瞎想，纯思想性内容，没有任何数学公式。所有的讨论都关注在一个焦点上：践行数据商业价值，也即数据资源资产化。希望探索一条践行数据商业价值的道路，发展一套数据资源资产化的方法。显然，我不能保证书中所有的观点就是正确的，恰恰相反，其中必有荒诞、谬误甚至陷阱。但是，不经历荒诞，不尝试谬误，不蹚平陷阱，哪来的康庄大道？希望你不要袖手旁观，能够为我加油，并提出建设性意见。我想以此书为践行数据商业价值的同行加油喝彩，为我国的数据产业讴歌，为数据资源资产化的伟大历程做忠实记录！

目 录

CONTENTS

第一章/*Chapter One*

不确定性的无知与无奈

人们都说，这是大数据时代，是数据科学的时代。每个人都在讨论数据，每个人都在研究数据分析。但是，数据分析的目标是什么？其核心内容是什么？不同的学校，不同的学者，不同的专家，可能会有不同的见解。这是一个正常现象。在我看来，在商业环境中，数据分析就一个目的：践行数据商业价值。更具体地说，是在带有不确定性的业务场景下，践行数据商业价值。

在实践中，践行数据商业价值，需要一些必要条件。例如，良好的计算机技能，扎实的经济管理基础，以及丰富完备的分析方法，等等。这些具体的技能与方法，在各个大学的（大）数据科学学院、经济管理学院、计算机学院、数学学院与统计学院等都有标准的课程开设，因此不是本书的讨论重点。本书要讨论的重点是一套系统地践行数据商业价值的思维方法论。在该方法论的帮助下，你将具备一种驾驭全局的能力。在该能力的帮助下，你掌握的所有相关知识可以融会贯通，进而帮助你洞察业务不确定性，践行数据商业价值，实现数据资源资产化。这是本书的主旨所在。

从不确定性开始

践行数据商业价值应该从哪里开始？应该从认识不确定性开始。

要践行数据商业价值，需要一种独特的能力。该能力的养成，不应该从经济学、统计学、编程等开始，也不应该从领域（业务）知识开始，甚至不应该从分析数据开始，而应该从认识不确定性开始，因为这才是数据商业价值的核心所在。只有建立了对不确定性饱含敬畏的深刻认识，才可能在未来学习的漫漫长途中不会迷失方向，并获得无限的勇气坚持下去。

不确定性的定义

请注意，不同学者对于不确定性的定义不尽相同，而我的定义可能独树一帜。对此，需要特别声明，我无心追求一个标新立异的定义，这样的做法只能平添烦恼，没有任何意义。但是，为了清晰地表达我的学术思想，我确实需要一个名词称谓方便讨论。很抱歉，我没有找到更好的称谓，因此就用了这个名词：不确定性（uncertainty）。关于这个名词，在我的理论框架中的确切定义后面会详细讨论。如果该定义跟任何现有领域或者学者关于不确定性的定义大相径庭，请大家包容谅解，因为此不确定性非彼不确定性。

不确定性的重要意义

深刻理解不确定性，是践行数据商业价值的必要前提。为什么？因为不确定性对于数据产业实践有着重大意义。俗话说：乱世出英雄。在数据科学的产业实践中，"乱世"就是不确定性，而"英雄"就是数据商业价值。有了不确定性这个"乱世"，才有了成就数据商业价值这个"英雄"的机会。这个观点可能有点异类。因为对于很多从业者而言，极小化，甚至消灭不确定性，是他们努力的方向。而实际上，大千世界，正是因为有了不确定性，才更加精彩；整个数据科学，正是因为有了不确定性，才有了存在的意义。

不确定性产生的原因

不确定性的产生有两大根本原因：一是无知；二是无奈。无知所对应的不确定性，可以通过数据的无限积累、算法的不停改进、知识的持续增加逐步化解。无奈所对应的不确定性，其根源是人类对稀缺资源的无限博弈，我们对它无可奈何。因此，这种不确定性永远不可能被绝对消除，它将长期广泛地存在，甚至不会衰减。理解这个道理对于数据分析意义重大，从此你将不再对模型预测精度抱有不切实际的幻想。应该认识到数据分析中的可为与不可为：哪些分析结果是可预期的，是值得努力追求的；哪些分析结果是"镜中花，水中月"，是不可预期的、不值得无限投入的。

什么是不确定性？

什么是不确定性？如果一个特定的个体对一个特定的事件无法绝对准确地预测其结果，那么这个事件对于该个体而言是一个不确定性事件（uncertain event）。相反，如果一个特定的个体对一个特定的事件能够做到绝对准确地预测其结果，那么这个事件对于该个体而言是一个确定性事件（certain event）。

根据以上定义，不确定性（或者确定性）事件是有明确指向性的。同一事件，有可能对于个体 A 是不确定的，而对于个体 B 却是确定的。由此可见，以上所定义的不确定性事件，不同于概率论统计学上所讲的随机事件（random event）。随机事件对任何人来说都是不确定的。

打个比方，老王、老李做一个游戏"猜花生米"。老王出一只拳头，让老李猜里面是空的还是抓了一粒花生米。这个事件对老王而言是确定性事件，因为老王自己有没有抓花生米，他心知肚明。这个事件对猜拳的老李来说就是不确定性事件，因为老李无法对老王的猜拳决策做出绝对准确的预测。

再看一个例子：老王掷硬币，正面朝上还是背面朝上？这个事件对老王来说是不确定性事件。但是，假设老李有一个超级厉害的设备，能够在老王出手的一刹那准确捕捉到硬币的角度、速度、角速度、加速度、周围的空气动力环境等诸多重要的物理学指标，那么从理论上讲，老李就可以根据物理学原理，准确预测硬币是正面朝上还是背面朝上。所以，同一事件，对老李来说就成了确定性事件。

不确定性事件广泛存在

在实际生活中，不确定性事件广泛存在。事实上，人生就是由一系列或大或小的不确定性事件构成的。

婚姻选择有着极大的不确定性。一对相爱的男女是否应该接受对方成为自己的终身伴侣，这是一个重大选择。这个选择的后果是什么？是幸福的远航，还是痛苦的开始？这有很大的不确定性。为了极小化这种不确定性，青年男女往往需要一场

死去活来的恋爱，以便充分暴露双方的优点和缺点，以减少未来婚姻中的不确定性。但是，无论你如何了解，这种不确定性仍然存在。

职业选择有着极大的不确定性。在有限的待选岗位中，你应该选择哪一个？公务员、老师，还是企业员工？如果去企业，应该去国企、民企，还是外企？应该选择哪个行业？金融业、制造业，还是互联网业？每种选择的后果都有着不确定性。20世纪 80 年代早期，国企工作被看作最安全的工作，没有失业的可能。但是，20 世纪 90 年代的倒闭浪潮，让大量的下岗职工深刻体会到没有任何工作是绝对稳定可靠的。同样的故事也发生在高校。20 年前，人们普遍认为，在高校当老师是一份非常稳定的工作，没有失业的风险，还有寒暑假。但是，现在的高校，尤其是名牌高校，都在学习欧美的终身教职制度：非升即走。高校老师的铁饭碗一下就被打碎了，竞争非常激烈甚至残酷。

身体充满着不确定性。我父母援藏二十年，把自己最宝贵的青春年华贡献给了共和国的边疆事业。多年的高原生活对他们的健康造成了很大的伤害。回到内地后，大病没有，小病不断。但整体而言，总算安康。不过，他们的战友、朋友，有的在高原工作时身体非常健康，等终于转业复员回内地了，反而不适应内地气候，很快离开了这个世界，非常遗憾！这让人不禁感叹，人的身体，即便是在医学技术非常发达的今天，仍然具有高度的不确定性。

消费者行为具有很强的不确定性。千万别指望大数据能够绝对准确地预测人的消费行为，这显然是不可能的。去沃尔玛购物之前我信誓旦旦地说："我要买可口可乐。"等结账出来，却发现自己提着二锅头。连我自己都无法绝对准确地预测自己，凭什么你可以？凭什么所谓的大数据可以？一个人的购买决定太复杂，充满不确定性。精准营销（或者广告）中的"精准"二字，说的其实不是绝对意义上的精准，而是相对意义上的，只是比胡蒙乱猜准确，仅此而已。

个人世界里充满了不确定性，企业又何尝不是。从工商注册诞生那天开始，企业便开启了一个不确定的旅程。首先摆在企业面前的问题是：能活多久？这是一个不确定性事件。每年在工商登记注册的新企业百万计！但是，它们未来的生存状况会怎样？有哪些企业能够存活超过3年？具有高度的不确定性。

即使是运营良好的企业，也面临大量的不确定性挑战。例如，应该任命一个什么样的CEO？显然，不同的CEO会给企业带来不同的命运。杨致远之于雅虎、乔布斯之于苹果、梁建章之于携程，都说明CEO能够影响一个企业的命运。但是，在任命的那一刻，该CEO能够给企业带来什么样的命运，难以确定。

企业有了CEO，接下来应该考虑融资，这是CEO经常要面对的一个重要问题。一个好的融资方案，带给企业的不仅仅是资本，还有宝贵的资源，以及未来事业道路上相互扶持的好伙伴。而一个糟糕的融资方案，也许可以带给企业短期的资金，但是没有更长期的资源，更糟糕的是，可能从此埋下股东之间博弈、猜忌与不信任的种子，极大可能伤害企业发展。最终的结果究竟会怎样，这是非常不确定的。

融资后，企业应该如何扩张？是在既有的核心业务方向上深耕细作，还是拓展更多新业务方向？深耕细作的好处是能够继续巩固扩大原有业务的优势，但缺点是业务增长的想象空间似乎不大。拓展新业务的好处是，能够为企业未来的增长提供更大的想象空间，但缺点是新业务方向风险巨大。而且，过多的新业务方向会造成资源分散，可能一事无成。应该如何选择，选择的后果到底如何，这也带有很强的不确定性。

在既定的业务方向上应该开发什么产品？一个高瞻远瞩的产品，可能理念先进，技术领先。一旦开发成功，对于树立企业行业领先者的地位意义重大。但是这样高大上的产品往往理念太超前，设计极其复杂，技术难度极大，因此，开发周期长，市场推广难，产生收入慢。一个更接地气的产品，只抓一个用户的痛点问题，用最普通的技术，敏捷开发，快速上线，迅速打开市场，产生规模收益。但是这样的产品由于缺乏核心技术，被同行赶超仅仅是时间问题。到时又该如何收场？这又是一个艰难的选择。到底应该选哪个，后果会如何，非常不确定。

产品终于开发出来了，应该如何推广？绝大多数产品都不可能有极强的口碑，需要必要的推广。应该去百度做搜索引擎营销，或者在微信、微博的社交圈上做广告，还是赞助某卫视的综艺节目？哪种推广方式的效果更好？这又是一个非常艰难的决定：因为推广费用非常高，广告效果却无法保障——非常不确定。

由此可见，无论是对个人还是对企业，甚至是大自然，不确定性比比皆是。但我们缺乏对不确定性的正确认识，缺乏对不确定性必要的敬畏。人们常常认为不确定性是不好的。天灾人祸、意外伤害，都是不确定性。要知道，意外惊喜、柳暗花明，也是不确定性。因此，不确定性本身是中性的，它不好也不坏，或者说，既有坏的不确定性，也有好的不确定性。

不确定性推动科研

在很多情形下，产生不确定性的一个重要原因就是无知，而正是因为无知才带来科学研究的机会。科学研究的使命就是，创造知识，减少无知。

首先人类自身的生产繁衍就有很强的不确定性。同一对夫妻，为什么这次生男孩，下次生女孩？同一个遗传特征（例如：色盲），为什么有时子女就会继承，有时就不会？甚至有的特征是隔代遗传。这是一个让人非常困惑的不确定性现象。怀着无限的好奇心，孟德尔于 1854 年夏天开始了他的豌豆杂交实验，并因此提出了基于自由组合规律的遗传学理论。在这个理论的帮助下，人们对看似神秘不确定的生物遗传现象获得了更好的认识。该理论还为很多其他相关的生物学现象（例如：生物性状的多样性）提供了一个重要解释。人类自身生产繁衍的不确定性推动了基因学、遗传学以及生物学的科研发展。

　　人从出生直至死亡，还要面对很多无知的困惑，常常表达成各种不确定性事件。例如，流感就是一个不确定性现象。同样是流感盛行的冬天，为什么你没得流感而我得了？同样得了流感，为什么你康复了我却发展成肺炎？为了解释这个不确定性现象，医学工作者做出了巨大努力，直到流感病毒的发现。从此，人们彻底了悟，流感产生的根本原因是流感病毒。进一步，科学家研究了该病毒的生长规律，并制定了相应的防治措施。通过不懈研究，流感的防治取得很大进展。人们可以通过接种流感疫苗以及养成良好的卫生习惯，极大地降低感染流感的可能性。流感患病的不确定性，推动了病毒学、流行病学的科学研究。

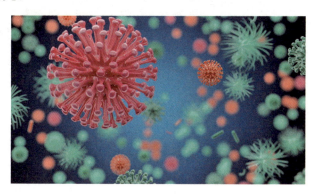

除了人以外，社会也充满了无知的困惑，表达成各种不确定性现象。例如，人们困惑于同一个商品为什么有时价格高有时价格低？为什么会有经济周期？为什么会有次贷危机？为什么一个旨在保护劳工最低工资的法律却带来失业率增加这种事与愿违的结果？对这些不确定性问题的思考，推动了经济学、法学等相关学科的蓬勃发展。为什么同一款产品，同样的价格，不同的表述宣传方式，能带来截然不同的销售结果？为什么同样的广告内容，不同的明星代言，效果就截然不同？对客户的不同返利措施会如何影响他们的忠诚行为？对这些不确定性问题的思考，推动了营销学、心理学等相关学科的长足进步。

自然界也充满了不确定性。自然科学的发展历史，就是对自然界各种不确定性逐步加深理解的过程。例如，在物理学中，力、质量、速度与加速度，它们之间是怎样的一种互动关系？这曾经是一个神秘的不确定性现象。对不同的物体，在不同的场景下施加不同的作用力，产生的速度与加速度各不相同。即使对于物体自由下落这种看似简单的问题，曾经也令人不解，看法各不相同。早期的很多优秀学者，例如亚里士多德，认为重的物体会先着地。而伽利略通过严谨的逻辑推理以及著名的比萨斜塔实验证明，这个想法并不准确。再后来，被苹果砸中脑袋的牛顿汇集前人研究之大成，建立牛顿力学三定律，并发现了万有引力。至此，经典力学的理论框架基本建立，以自由落体为代表的一大类看似不确定的力学现象得到了很好的解释。由此可见，自然界中大量的不确定性现象推动了经典物理学的研究发展。

综上所述，人类知识创造的过程，其实就是对各种不确定性现象无限探索的过程。因此，有不确定性现象存在的地方，就有人类的无知；有人类无知的地方，就有研究探索与创造新知识的机会。

不确定性创造商机

不确定性除了带来研究机会以外，还能创造商机。甚至在很多场景下，不确定性是产生商业价值的根本原因。

假设你是一个股票投资者，希望通过买卖股票来获得超额收益率。这个美好的梦想依赖什么？依赖于你对股票未来价格的判断。股票未来价格的变化趋势是一个高度不确定性事件。你对此如何感受？你喜欢股价的不确定性吗？

你一定会说："我不喜欢不确定性，我喜欢确定性"。如果能够准确地知道第二天股价的变化趋势，你一定会赚得盆满钵满。真的会这样吗？如果你总是能够准确预测股价的变化趋势，其他人会不会也知道？也许这是你的内幕消息、独门绝技，绝对不告诉其他人。但是，你可以藏着一时，能掖着一世吗？这

个世界没有不透风的墙。很快人们就会发现，有这么一个神奇的投资者，他做出的所有投资决策都是绝对正确的，零风险！然后他们就会效仿跟随，也会赚得盆满钵满，而且没有任何风险。再后来，你的独门绝技会一传十、十传百，全世界都知道了，不再是独门绝技。所有投资者都蜂拥而上，做出完全一样的投资决策。这时，市场的天平就开始倾斜了。最后，你获得超额收益率的投资机会将会荡然无存，股价将重新回到不确定状态。

当然，这只是一个思想实验。在真实世界里，股价的未来趋势具有很大的不确定性。没有人能长期持久并且绝对准确地预测股价的走势。所以，真实的股市中，没有人能够成为一个绝对聪明的、没有风险的投资者，也就不会被所有的投资者追逐。即使像巴菲特这样的风云人物，也不是每个人都认同他的投资理念。事实上，每个人都可以有自己的投资策略，形成自己的投资风格，获得一定的收益，并承受一定的风险。此时，谁能通过数据分析降低（请注意不是消除）对股价走势预判的不确定性，谁就能获得相对竞争优势，能够在承受同样投资风险的情况下获得更好的收益。这就是不确定性在资本市场上带来的商机。相反，如果这个资本市场是确定的，所有人对未来的判断都是一致的，那么任何人都不会有任何投资机会。

为了更好地理解不确定性之于数据商业价值的重大意义，下面研究一下个性化推荐。狗熊会团队出过一本书《数据思维：从数据分析到商业价值》。书出来后我就特别关注它在京东、当当的销量排名以及读者反馈。我经常去这两个网站搜索一下，看看这本书的最新情况。由于我反复多次搜索这个商品，行为被网站捕捉了下来。结果，我在其他 APP（例如：今日头条、网易新闻）看新闻的时候，APP 广告位上反复推荐的就是这本书。这就是个性化推荐的结果。

个性化推荐为什么有巨大的商业价值？根本原因就是，消费者的行为是高度不确定的。在这个前提下，如果通过个性化推荐算法，对消费者的购买意愿能够做到比竞争对手更准确地预测，这就是竞争优势。在这方面，国外的网站（例如：亚马逊与 Netflix）、国内的企业（例如：百分点科技）都有非常成功的应用。相反，如果消费者的行为是确定的，是高度可预测的，那么个性化推荐会怎样？个性化推荐应该还是需要的，但是会成为每个网站的标配，都会做到 100％ 的预测准确。因此，个性化将不可能为任何一家网站创造独特的价值，不可能帮助任何一家企业形成相对竞争优势。

由此可见，不确定性是可以带来巨大商机的。这就是"乱世出英雄"的道理："乱世"就是不确定性，"英雄"就是商机。没有不确定性这个"乱世"，哪来当"英雄"的商机？

产生不确定性的原因

产生不确定性的原因有很多，前面的讨论中已经有所涉及。简单而言，不确定性产生的原因可以分为两类：一类是无知；一类是无奈。无知所对应的不确定性，可以通过数据的无限积累、算法的不停改进、人类知识的持续增加逐步降低，甚至最终消亡。但是，无奈所对应的不确定性，其根源是人类对稀缺资源的无限博弈，它将长期广泛地存在，甚至不会衰减。对此，我们需要做一些详细的讨论。

重新思考一下投掷硬币猜正反面的例子。这样的不确定性属于哪一类？答案是无知！无论是老王还是老李，只要能够配备足够好的设备，准确捕捉硬币投掷的各种力学特征，就可以对硬币投掷结果做出绝对准确的预测。当然，真实的世界里，需要捕捉的力学特征可能非常多，不仅需要硬币自身的，还需要空气环境的，甚至需要桌面的力学特征。因此，要做到绝对准确预测是无比艰难的。但是，沿着这个方向努力，我们可以无限地改进预测精度。

相反，猜花生米的不确定性属于哪一类？答案是无奈！老李出拳，老王猜。老李会揣测老王的心思，分析老王的规律；老王也会揣测老李的心思，分析老李的规律。这是一个复杂的博弈过程，不可能做到绝对精确的预测。老李可以通过分析老王的各种细小的动作（例如：是否皱眉头），在一定程度上增加自己的胜率（假设老王不知道老李在观察自己的眉头），但是始终无法做到绝对精确。而且这个预测精度，不可能无限地改进（因为老王也在琢磨老李）。究其原因就是：老王和老李的无限博弈。

以上都是虚构的例子，真实的不确定性现象又是怎样的呢？是无知所对应的不确定性现象多，还是无奈所对应的不确定性现象多？其实绝大多数的不确定性现象都是无知和无奈的综合。

例如，未来天气（或者大气）的不确定性属于哪种类型？如果是纯粹的无奈，那么气象工作者就可以下岗了。因为无奈对应的不确定现象，我们对它无可奈何，没有太大的改进空间。所以，天气预报不可能是纯粹的无奈，其中一定有大量无知的成分。而气象工作者的主要工作就是对这些无知的部分做出无限的探索。为此，他们研究天文、地理、大气，建立气象站，采集卫星遥感数据。通过不同的理论与丰富的数据，降低对未来天气的无知，并获得一定的天气预报能力。但是，显然预报结果是不完美的，而且永远不可能完美。为什么？因为天气，尤其是大气，未来状况不是一个纯粹的自然现象，其中还掺杂了人类自身对某些稀缺资源（例如：蓝天白云）的无限博弈。以北京地区的 PM2.5 预测为例，这显然是一个不确定性现象。影响这个不确定性现象的因素，不仅仅有自然条件（例如：是否刮风），还有社会条件（例如：北京周边地区的烧煤情况）。其中这个社会条件就很复杂，涉及利益的冲突与协调。周边地区不烧煤，北京的空气质量就好，但周边地区的民众付出了不能烧煤取暖的代价；周边地区民众烧煤，他们可以获得烧煤取暖的好处，但北京就付出了蓝天白云的代价。无论是周边，还是北京，民众的利益都是值得尊重的。但是，确实有冲突，应该如何协调？这是一个社会问题，不是自然问题，没法精确预测。因此，天气所展现出来的不确定性，是无知和无奈的综合。

再如，股票价格变化的不确定性属于哪种类型？如果是纯粹的无奈，那么众多研究投资策略的投资者和金融学者，他们都在研究什么呢？有的学者坚信价值投资，认为股票回报一定是由企业的基本面驱动的，为此，他们研究经济、行业、企业，希望对股票的中长期变化有一个趋势性判断。还有的学者笃信量化投资、程序化交易，他们不关心基本面，而是用高性能计算机、复杂的数据分析算法在投资市场上寻找投资机会。在现实中，这两种投资理念都有广泛的支持者，这说明它们都是有道理的。因此，股票价格的变化不可能是纯粹的无奈，它有可被探索的无知成分。但是，股票价格的不确定性也不可能是纯粹的无知。如果是纯粹的无知，那么投资者就可以通过数据的无限积累、算法的持续改进，最终做到极其准确的股价预测。这可能吗？显然不可能。事实上，资本市场越发达、越有效，股价的可预测性就越差。为什么会这样？因为股价的变化触动了投资者的利益，刺激了买卖双方的无限博弈。越是有效的资本市场，不同力量的博弈就越快速、越直接、越惨烈，股票价格的变化就越难以被绝对精确地预测。所以股价变化的不确定性，既不是纯粹的无知，也不是纯粹的无奈，而是二者的综合。

再看一个更富挑战性的例子：人体重要的生理指标。例如血压，它所对应的不确定性属于哪种类型？显然有无知的成分，否则，医学工作者不会努力研究控制血压的合理手段。有的研究认为，盐的过度摄入增加了高血压的可能性。还有的研究表明，家族遗传也是高血压的一个重要原因。随着医学研究的深入，人们发现工作强度、运动锻炼、饮食习惯等都是高血压的相关因素。因此，血压的不确定性有很大的无知成分，可以通过医学研究的不断深入逐步被理解。另外，血压的不确定性还有无奈的成分。为什么呢？因为影响血压的还有一个重要因素：心情。心情的好坏直接影响血压。而心情的起伏不定又是什么驱动的呢？猜花生米输赢的结果影响心情，股价的高低起伏影响心情，空气质量的好坏影响心情。所以，很多时候心情的好坏受制于真实的利益分配，而利益分配就会涉及贪婪的人类对稀缺资源的无限博弈，因此不可能做出绝对准确的预测。所以，即使是血压，它所对应的不确定性居然也是无知和无奈的综合。

领悟不确定性的无知和无奈，具有重要的实践意义。假设你开发了一个客户流失预警系统，能够预测哪些高价值客户有流失的风险。你非常努力，用尽洪荒之力，最后把预测精度做到了70%～80%。事实上，这个结果已经很不错了。但是老板并不满意，他希望能做到100%，绝对准确。于是，你领导的数据分析团队继续投入大量的精力和资源，进一步改进预测精度，但收效甚微，甚至毫无建树。对此，你可能会焦虑、苦恼、迷失方向，甚至开始怀疑人生。而我要安慰你的是：这是无可奈何的正常现象。客户行为（不仅仅是流失行为）之于商家而言是一个典型的不确定性行为，其中既有无知的成分（这是可学习、可预测的组成），更有无奈的成分（这是不可学习、不可预测的组成），因为里面掺杂了竞争对手跟你的无限博弈而产生的不可忽略的影响。因此，客户的流失行为是不可能被绝对准确预测的。而我们为了不切实际的预测精度，投入的宝贵时间和资源是注定要被浪费的。

现实的不确定性现象往往是无知和无奈的综合，能够领悟这个道理非常重要。几乎所有的不确定性现象，都可以一分为二：一部分对应于无知，另一部分对应于无奈。由于无知所对应的不确定性可以通过数据的无限积累、算法的不断改进、人类知识的持续增加逐步降低，甚至最终消亡，因此，几乎所有的不确定现象都没有普罗大众感受到的那么不确定。其中，都有可被理解、可被解释、可被预测的部分，这是数据分析努力的方向。但是，几乎所有的不确定性现象也包含着人们无可奈何的成分，其根源是人类对稀缺资源的无限博弈。它将长期广泛地存在，甚至不会衰减。因此，几乎所有的不确定性现象，尤其是涉及人类自身的不确定性现象，都不可能被绝对准确地预测，对此不要有不切实际的幻想。相反，应该学会领悟数据分析中"可为"与"不可为"之间的区别。

数据的时代特征

数据的朴素定义

不确定性虽然重要，但它是一个抽象的概念。我们之所以能够研究不确定性，得益于数据的记录和描述。人们都说今天是数据时代，到处都在讨论大数据，很多人都说自己在研究数据。但是，到底什么是数据？能不能给数据下一个简单而朴素的定义呢？

这个问题看似简单，其实并不容易。我们常常听到两种答案：一是"数据就是信息"。这么说没错，但有一个缺点：太抽象。数据本身就是比较抽象的概念，信息似乎是一个更加抽象的概念。数据和信息两个都非常抽象的概念之间互相定义，这并不能令人满意。二是"数据就是数字"。有一定的道理，因为数字大概是最典型的一种数据，例如：GDP，股票价格，人的身高、体重、血压等，都是数字。对此，我们可以继续追问：数字又是什么？数字应该是有数量意义的符号。那么什么叫有数量意义呢？如果一种符号能够支撑至少一种代数运算（例如：加法），这就是有数量意义。因此，说数字就是数据，应该没有问题，但是反过来，说数据就是数字，就太狭隘了，显然不能适应数据时代的发展需求。

一个符合时代发展需求的数据定义又是什么呢？

在给出定义之前，首先要强调一点：对于同一概念（例如：数据），不同学者、不同从业者的定义各不相同，这是正常现象。究其原因，是因为大家的发心（或者说目的）各不相同。例如，如果定义数据的目的是说明数据包含信息，那么定义数据就是信息似乎没什么不妥。又如，对于某个具体行业，所谓的数据，确实仅仅涉及数字，那么定义数据就是数字，似乎也可以接受。毕竟"数据"就是两个汉字，并无绝对的对错。如

果一定要问对错，首先要问定义数据的发心是什么。我定义数据的发心是，通过给数据一个朴素的定义来更好地理解正在蓬勃兴起的数据产业。因此，我对数据的定义特别关注该定义同现实的数据产业二者之间的互动关系。这样的定义才符合数据时代的发展需求。

那么数据产业又是什么？所谓数据产业，就是与数据相关的产业，是数据能够支撑规模化应用的产业。这里有一个非常重要的关键词，叫做"规模化"。我对规模化有着非常苛刻的要求。如果一个应用，它的产出同它所需要的投入成本之间是线性增长关系，或者边际成本不可忽略，这就不是我所说的规模化应用。我所指的规模化应用，是类似于互联网应用、边际成本几乎为零的应用。

考虑一个"非规模化"的案例：传统艺术创作！画家通过他们的肉眼感受到这个美好的世界，然后经过大脑和灵巧双手的加工，最终以图画艺术品的形式呈现出来。这样的艺术创作，其产出跟所需要的投入成本基本呈线性关系，不符合我对规模化的基本要求。相反，如果这样的艺术作品是基于数码成像技术及对美学大师（例如：梵高、莫奈）经典作品的深度学习，通过数据挖掘算法自动生成，那么这样的数据创作，一旦硬件、软件、算法成熟，其再生产的边际成本几乎为零，因此规模可以超级大。这就符合了我对规模化的要求。你看到这两种不同的艺术创作之间的差距了吗？前者的边际成本非常可观，而后者几乎为零。后者可以做到边际成本几乎为零的原因有很多，其中一个不可或缺的条件是：图像电子化。如果图像不能被电子化记录，就无法对图像进行深度学习，进而就无法对图像进行自动化再创作。如果不能对图像自动化再创作，那就只能仰仗艺术家的辛苦体力，边际成本就不可忽略。

由此可见，为了支撑规模化商业应用，数据必须是电子化的。不是电子化的记录，无法支撑规模化应用。因此，在我看来，数据就是电子化记录，电子化记录就是数据。这就是我对数据最朴素的定义。

数据的时代特征

数据的范畴很宽泛，并不局限于数字这一类。根据我的定义，数据的内涵很具体，凡是能够被电子化记录的都是数据，不能被电子化记录的都不是数据。既然是电子化记录，就得有记录数据的技术手段，而不同的时代，赋予我们不同的记录数据的技术手段。因此，数据的定义有着强烈的时代特征。这样一个朴素的定义，也许更可以满足时代发展的需求。

首先，中文文本是数据吗？你一定会说，当然是。它不但是数据，而且还是一种支撑了很多应用的重要数据。例如，京东、淘宝这样的网站上陈列着大量的商品，很多商品下面有大量的评论，这就是一种典型的文本数据。这些评论反映了大量来自消费者的意见。通过文本数据分析，可以理解消费者为什么喜欢这个产品，是因为价格还是功能，或是服务。也可以理解消费者为什么不喜欢。这些见解可以为该产品未来的改进提供宝贵的参考意见。此外，舆情分析也是一个重要应用。老百姓对社会重大事件、重大政策的态度如何，这是政府非常关心的问题。群众意见过去主要深藏在心里，现在则可以在各种互联网论坛和社交媒体上看到大家的喜怒哀乐，可以洞察政策实施的效果。所以，毋庸置疑，中文文本已经是数据了。但是，这说的是现在进行时。如果乘上时空穿梭机，穿越到遥远的秦皇汉武时代，当时的文字记录在竹简上、布帛上或者纸张上，没有被电子化，因此不是数据。

　　其次，声音是数据吗？声音显然是数据，而且是一种重要的数据。但是，在遥远的秦皇汉武时代声音就不是数据。在那个时代，无论是音乐家的艺术创作，还是大自然的天籁之音，都无法电子化记录。内陆的百姓，难以听到大海的波涛汹涌；海边的渔民，无法想象高原的狂风怒吼；高原的藏民，也听不到内陆的燕舞莺歌。因为在那个时代，没有任何办法能把声音电子化记录下来，怎么能说它是数据呢？现在声音可以成为数据，依赖于一个重要前提，那就是声音可以被电子化记录。在这个前提下，声音才具备了被自动化分析的可能，也才有了支撑规模化应用的可能，以及如此多基于声音的有趣应用。iPhone 的 Siri、科大讯飞的语音输入法、微信的语音锁、小米 AI 音响的语音交互等，都是声音成为数据后的精彩应用。

最后，图像是数据吗？显然图像是一种重要的数据。但是在遥远的秦皇汉武时代，图像不是数据。因为人们眼中所见的美妙世界无法被电子化记录。在那个时代，只能任由时光荏苒、容颜老去，人们记不下爱人年轻时的美好容颜，也记不下孩子曾经的淘气可爱，只能任由群山壮丽、大河滔滔，却无法将所见之大美河山跟远方的朋友分享。图像之于人类，曾经是转瞬即逝的过往云烟，无法记录，难以分享，不能分析，更不能支撑规模化应用。但今天，数码成像技术的成熟让所有的图像都能被电子化记录下来，然后才有了自动化分析，进而支撑了很多有趣的应用。例如，脸部识别、美颜相机、指纹识别、车牌号识别、医学影像分析、iPhoneX 的刷脸支付功能等。这些有趣的应用，给人们带来极大便利。

由此可见，无论是最传统的数字，还是文本、图像或声音，它们之所以能够成为数据，究其原因是电子化记录的技术手段成熟了。因为记录它们的技术手段成熟了，它们才成为数据，才支撑了规模化应用，才有了相应的产业。类似的例子还有很多。例如，DNA芯片技术的成熟产生了Microarray数据，社交网络技术的成熟产生了社交链数据，物联网技术的成熟产生了车联网数据。由此可见，数据的定义非常依赖于具体的记录数据的技术手段，而不同的时代赋予我们不同的记录数据的技术手段。因此，数据的内涵是动态变化的，具有强烈的时代特征。

运营商数据

伴随技术的进步，能够记录数据的技术手段越来越丰富，真实世界中的数据类型也越来越多，不可能完全罗列。但我想结合自己的经历，把一些我认为特别重要的、特别典型的数据类型分门别类探讨一下，不同门类之间会有一定的重叠。

首先考虑运营商数据。所谓的运营商数据，指的是由中国移动、中国联通、中国电信三家移动通信运营商所采集的数据。该数据特点如下：

第一，覆盖面广。我国有大约14亿人口，无论哪种类型的数据，要覆盖这么大的群体都是几乎不可能的。但是相对而言，运营商数据的覆盖能力几乎是最好的。这背后有一个原因是我国只有三家通信运营商：中国移动、中国联通、中国电信。任何人只要在中国使用通信服务，就必须在这三家运营商中选择一个。有很多人会有两个手机号码，分别来自不同的运营商。因此，每家运营商能够覆盖的用户数量都非常巨大。数据显示，2018 年，中国联通、中国电信的移动用户规模分别达到 3.15 亿和 3.03 亿，而中国移动的移动用户规模更是达到 9.25 亿！

　　第二，精准到个人。从 2013 年 9 月起，我国开始对新增固定电话、移动电话（含无线上网卡）用户实施真实身份信息登记，严格实行"先登记，后服务；不登记，不开通服务"的原则。据媒体报道，到 2017 年底，我国所有手机号码基本完成实名登记。这意味着每个电话号码都可以通过身份证对应到一个自然人。因此，相关的数据分析结果以及相关的决策都可以精确到每个自然人身上。

　　第三，内容丰富。首先，因为实名登记，通过身份证号码就可以知道你的年龄，大概了解你的籍贯。此外，通过通话记录可以知道某年某月某日几点几分给谁发了短信，打了电话，以及通话时长，运营商对这些都了如指掌。根据手机和基站的交互，运营商可以大概知道你的位置。智能手机上的各种应用APP大部分都要利用 WIFI 或者 4G 信号同互联网交互。无论是哪种信号，最终的服务提供商都是运营商。从理论上讲，你在使用什么 APP，看了什么内容，你发出了什么信号，运营商都可以知道。

第四，集中度高。前面提到，我国只有三家运营商。因此，如果一家企业能够在集团层面跟任何一家运营商有战略合作关系，那么就可以覆盖至少 3 亿用户。如果能够同三家运营商都建立合作关系，那么它就覆盖了几乎所有的成年人。由于只有三家运营商，企业的谈判沟通成本相对较低。相反，如果中国有 100 家运营商，那么相应的谈判沟通成本就会高出许多。

第五，合作意愿强。在国内，以微信为代表的各种即时通信 APP 让运营商的很多传统收费项目（例如：短信）遭受巨大冲击。互联网企业的激烈竞争使得运营商管道化的趋势越来越明显，全球各地的运营商都面临同样的挑战。那么运营商应该如何转型？未来的业绩增长在哪里？一种可能是数据变现。因为运营商的数据覆盖面广、内容丰富，蕴含的商业价值巨大。如果能在这方面有所突破，也许会是运营商未来的希望所在。因此，在数据变现方面，运营商合作意愿较强。

支付交易数据

支付交易数据是另一种覆盖面非常广的数据。所谓支付交易数据，就是普通消费者通过支付或者交易产生的流水数据。

银联控制着大量支付类数据。刷卡交易的本质就是将消费者电子账户中相应额度的存款转账到指定的商户账号，整个交易需要一个支付结算系统。在国外这样的支付结算系统有威士和万事达等，在国内主要是银联，银联数据几乎能覆盖所有的持卡用户。银联每天可以看到海量的刷卡交易数据，这些数据精确记录了哪张卡什么时间在哪个商户消费了多少金额。由于办理银行卡需要登记身份证，因此从原理上讲，每个卡号都可以最后落实到具体自然人。但其缺点是购物的内容（也即到底买了什么）不得而知。除银联以外，以支付宝、微信和拉卡拉为代表的各种互联网支付通道也能产生大量的支付流水数据。

银行实际控制着大量的交易类数据。例如，我是招商银行的忠实客户，我使用招商银行的信用卡消费。招商银行可以看到所有我用招商银行信用卡的交易行为，它记录了我在什么时间什么地点消费了多少金额。同银联支付数据不同的是，银行卡的消费数据，有可能记录相对更加详细的消费内容。只要看一下自己的信用卡对账单就会对此类数据有一个大概认识。但

是，银行卡的覆盖面比银联这样的支付结算系统要小很多，毕竟没有任何一家银行能够覆盖所有的人群。即使对于已经覆盖的人群，也无法精确看到用户所有的消费行为，因为同一用户常常有多家银行的信用卡（或者借记卡）。

交易类数据的另一个主要拥有者是以淘宝、天猫、京东、万达为代表的线上线下零售平台，尤其是线上零售平台，每个用户每笔交易都非常详细地记录下来，形成了详细的交易流水。同传统的信用卡交易流水数据相比，此类线上交易流水数据可以更加详细。同时，记录的内容不再局限于交易本身，甚至包括交易的场景，例如：时间、地点、实时广告促销等众多信息。

手机数据

所谓手机数据，就是来自手机的数据。这个定义非常形象，但不精确。根据不同的数据采集方，手机数据大概可以分为三类：（1）来自运营商的数据；（2）来自手机制造商的数据；（3）来自 APP 开发商的数据。其中，来自运营商的数据前文已经做了讨论，下面主要讨论另外两类。

手机制造商（例如：苹果、华为）也是一个很大的数据采集方。根据操作系统的不同，市场上绝大多数智能手机可以分为两大类：苹果和安卓。如果是苹果手机，那么苹果公司实际控制了苹果手机用户的大量数据，这些数据包括但不限于身份、支付信息、地理位置、通话记录等。如果手机是安卓系统，那么相应的数据有可能被掌握在不同的手机制造商手里。有媒体报道，华为作为一个重要的手机制造商，通过其荣耀 Magic 智能手机收集用户活动信息，并通过对这些信息的分析给用户做个性化推荐，这些信息包括短信内容、微信的聊天信息等。为此，华为曾与腾讯就信息收集问题发生争执。手机制造商的数据同运营商的数据相比，有优势也有劣势，其中劣势很明显，那就是覆盖面相对较小。我国运营商只有三家，手机制造商却非常多，其中既有国际品牌（例如：苹果、三星等），也有本土品牌（例如：华为、小米、OPPO 等）。因此，手机制造商能够覆盖的人群相对分散。但是，手机制造商能够采集到的数据有可能更加丰富，至少表现在两个方面：（1）可以覆盖不同的运营商；（2）有可能覆盖非通信类内容，例如不同 APP 的使用情况。

　　APP 和它背后的互联网企业也是重要的数据采集方。数据显示，截至 2018 年底，微信的月活跃用户总量已经超过 10 亿，这个数字已超过中国移动。这些用户横跨不同的手机制造商、不同的运营商、不同地域，因此数据覆盖面极其完整。但是，像微信这样超大装机量的 APP 并不多。更多 APP 的装机量可能只有百万、十万甚至几万，它们的数据也非常有价值，但是装机量太小。对此，可以考虑建立商业联盟，将数据汇总到一个统一的平台上，这样的 APP 联盟所能采集的数据可以覆盖不同的运营商、不同的手机品牌以及不同的 APP，价值巨大。但是建立这样的联盟，投入巨大，并不容易。

　　无论谁是数据的采集方，采集方式如何，在手机面前人们没有隐私可言。

　　首先，位置是暴露的。现在的智能手机都有 GPS 定位功能，甚至能够达到 10 米以内的精度，这样的精度并不能用于判断物体移动的瞬时速度，但用于描述一个物体大概的静态位置已足够。例如，上班时间如果一个人的位置非常规律地长时间出现在医院，那么这个人很可能是医生或者护士。如果一个人的位置在白天非常规律地出现在高校，而晚上去了另外一个居民区，那么这个人很可能是老师或者高校的行政工作人员。如果一个人无论白天还是晚上都非常规律地在高校活动，那么这个人更可能是学生。仅仅 GPS 一个数据源，数据采集方就大概能够判断你的职业。除此以外，还可以大概判断你的收入、性别、年龄等人口统计学特征。

其次，购物是暴露的。我们太喜欢网上购物了，京东、淘宝、天猫等各种网上购物 APP 详细记录了我们的购物习惯。我是京东的忠实用户，我太太更喜欢用淘宝。同样一类商品，在京东有高档高价商品，有中档中价商品，也有低档低价商品，你购买的是哪种？一次两次购物不太能说明问题，但大量的购物习惯会最终暴露你的收入水平。如果你购买了大量的女性卫生用品，很可能你是女性。当然，不排除暖心的男朋友或者老公也会代劳，但概率的天平已经开始倾斜。因此，购物数据可能暴露你的性别。如果你大量采购乐高，你家里可能有孩子。当然，不排除你给亲戚家的小朋友送礼物，但概率的天平又一次倾斜。如果采购狗粮，家里应该有狗狗。当然，不排除你帮朋友代购，但概率的天平再次倾斜。你的购物习惯，同你的生活形态高度相关。

最后，社交是暴露的。移动互联网时代也是移动社交时代，脸书、推特、微信、微博大行其道。这些安装在手机上的 APP，还有我们的通话记录、电子邮件记录，从不同角度暴露了我们的社交圈。俗话说，物以类聚，人以群分。紧密沟通的个体之间往往呈现出强大的相似性，这给了人们一个机会，通过一个人的社交圈去增加对这个人的认识。有这样一个故事，一个男生为了追求一个女生，总是把他最好的一面展示出来，例如：文质彬彬、干净整洁、温柔可爱。这时候女生总是容易被表面现象所迷惑，而对男生真实的缺点缺乏了解。怎么办？一个办法是观察他的朋友圈，看看他平时都结交什么朋友，这些朋友的素质如何，喜好如何。要知道，为了追求女生，这个男生可能会努力伪装，但是他的"猪队友"可就没有这个积极性了，他们往往会表达得更加真实。因此，从这个侧面可以更真实地了解这个男生。

社交网络数据

手机数据中的社交网络数据值得我们单独讨论，因为此类数据跟传统 PC 时代数据很不一样，有着非常独特的商业价值。

传统的数据分析常常假设个体之间是相互独立的，进而忽略个体之间的相关性。这个假设显然不合理。有一档电视节目很火爆，叫《荒野求生》，相信很多朋友都看过。主角贝尔·格里尔斯一个人在荒山野岭展示他高超的生存能力，令人敬佩不已。为什么？因为如果是个普通人，离开人类社会的相互帮助想独自一人在野外存活是极其艰难的。这说明，人是高度社会化的动物，人们互相帮助、互相依赖而存活。因此，人的社交属性是天生的，并不是这个时代所特有的。过去，由于技术手段的限制，人们难以大规模采集社交相关的数据，因此也就无法支撑相应的数据分析和应用。但是，随着移动互联网的兴起，以脸书、推特、微博、微信为代表的各种社交 APP 开始大行其道，此外还有通信网络、邮件网络等，伴随而来的是各种各样被忠实记录的社交关系。社交网络数据分析的时代终于到来了。

社交网络数据包含两部分：一是描述网络的拓扑结构。如果把一个社交网络的用户看作一个节点，而关注关系看作一条边，那么一个网络的拓扑结构就可以通过一系列的点和边描述出来。这些边可能是带有方向性的（例如：微博的关注关系，我关注大明星，而大明星不关注我），也可能没有方向性而是对称的（例如：我是你的微信好友，一般而言你也是我的微信好友，除非你偷偷拉黑我）。二是附着在网络拓扑结构上的数据，也就是关于点和边的各种属性，例如，一个用户的性别、年龄、教育程度等。这些数据仅仅涉及一个节点，是关于点的属性。又如，一个用户给另一个用户点了多少个赞，一个用户转发了另一个用户多少篇文章。这样的数据涉及两个不同的节点，而两个不同的节点定义了一条边。因此，这是关于边的属性。

生活在同一个社会中的不同个体之间有着复杂的相关性，而这些复杂相关性同各种社交网络有着必然的联系。通过分析网络结构所引发的相关性，可以对"物以类聚，人以群分"这句话有更加深刻的认识。例如，一个在互联网征信中被广为验证的事实就是，各种诈骗团伙（例如：洗钱、骗贷等）在社交网络中往往聚集成团。道理很简单，因为"诈骗"可不是一个轻松的活儿，没有一个"专家机构"言传身教，普通犯罪分子很难自学成才。因此，大量的犯罪分子都以该"专家机构"为核心聚集成团。聚集产生社交，社交产生相关性，而相关性是预测的基础。因此，社交网络为我们提供了一个非常宝贵的非传统视角。例如，对一个传统的数据分析而言，要评价某个体的消费能力主要借鉴的是这个个体自己的特征：性别、年龄、教育程度、工资水平、消费习惯等。毋庸置疑，这些都是非常重要的特征。但是，如果有了网络拓扑结构，可以进一步加强这个认识，加强的主要方向是把目标个体的朋友信息也考虑进来。如果朋友的信息是有帮助的，那么朋友的朋友的信息也值得考虑，当然，效果也许会差一些。这个朴素的逻辑可以无限循环下去，这就是社交网络数据提供的独特机会。

除此之外，网络数据还在一定程度上反映了一个人的社交资产。一个活跃于名校名企社交圈的人，大概不会为了几万元钱而失信于人。但是同样的几万元钱，对于一个更加草根的小伙伴，可能就有了强大的诱惑力。社交之于每个人都是一个可被定价的资产，或高或低。过去由于缺乏高质量的社交数据而无法评估，但现在这已经变成了现实。一个有趣的分析是，研究运营商的客户流失情况。要知道，手机通话网络也是一种宝贵的社交网络。通过对不同运营商的数据分析，发现了一个非常稳健的规律，即有效电话号码数目多的用户，中长期离网概率要显著低于有效电话号码数目少的用户。为什么？因为过去我国的手机号码不支持携号转网，退网就意味着需要跟很多人发短信："这是我的新手机号码，请您惠存！"也不知道别人是否真的"会"存。这是一个带来社交资产损失的动作。要恢复这个社交资产，重新建立跟每个人的有效联系，需要可观的成本。一个用户的电话号码数越多，这个成本就越高，他离网的意愿就越小。这就是社交数据之于社交资产的一个有趣应用。不过，根据最新规定，携号转网已在多个省份试行，其成本大幅下降，但是从目前看，携号转网效果并不明显，成本依然存在。

位置轨迹数据

手机数据中的位置轨迹数据也值得认真讨论。这是一类非常独特且没有被充分挖掘其价值的数据。这类数据的产生主要得益于 GPS 技术的成熟与应用。通过手机等设备自带的 GPS 芯片，可以自动判断出设备所在的地理位置，通过经度、纬度的方式表现出来。除了手机以外，还有很多其他设备也具备定位功能，例如：车载导航系统、可穿戴设备等。

位置轨迹数据的出现具有巨大的产业意义。在传统的门户互联网时代，线上和线下是两个割裂的世界。人们在线上看新闻、看视频、玩游戏，在线下看电影、吃饭、聚会。线上提供的产品和服务同线下的产品和服务几乎没有交集。但是，有了位置轨迹数据，这个故事就完全改变了。人们来到一个陌生的环境，想找一家靠谱的餐厅，怎么办？拿出手机，打开大众点评，通过手机 GPS 定位，确定当前所在的地理位置。然后以该位置为中心，在一定距离范围内寻找符合条件的餐厅。这些餐厅相关信息存储在线上、云端。除了餐厅的基本信息外，还有大量的点评信息，这些信息来源于在该餐厅有过消费经历的网友。通过这样一种互动，人们实现了线上信息和线下服务的完美闭环，催生了 O2O（online to offline）这个巨大的产业，孕育了一大批优秀的企业，其中包括美团网、嘀嘀出行等。

位置数据最基础的存储形式就是经度和纬度，精度大概 10米以内。这样的精度能用于判断我们所处的大概位置，但不能用于描述一个物体的瞬时速度。假设一个装有车载导航系统的

小汽车每秒钟采集一次数据，那么 GPS 定位所产生的每秒 10
米的误差换算成时速可以高达几十公里。因此，该数据目前的
精度不足以支撑瞬时速度的计算。但是，这样的定位精度对于
判断一个物体的静态位置足够了，而且判断静态位置也非常有
用。通过同最近的 POI（point of interest，兴趣点）相匹配，可
以大概判断出这个位置是一个居民区、高校、医院还是写字楼。
同样是酒店住宿，可以大概知道这是五星级酒店还是便捷酒店，
这两者代表了不同的消费能力；同样是交通出行场所，可以大
概知道这是机场还是高铁站，这代表了不同的出行习惯。这些
数据忠实详细地描述了一个人的线下行为，意义重大。

浏览日志的数据

数据就是电子化记录。互联网产生的第一天就有了网络日
志，这个古老而传统的电子化记录中的商业价值却没有被充分

挖掘。

首先，网络日志关乎网络安全。实际生活中，很多网站肩负着极其重要的公共任务，如果受到恶意攻击，陷入瘫痪，将造成重大损失。这些网站包括重要政府机构（例如：外交部）、重要事业单位（例如：北京大学）、重要商业机构（例如：运营商、银行）等。而大量的恶意攻击行为都被网络日志详细地记录了下来。这是一个什么样的访问？来自什么位置？IP 地址如何？什么浏览器？提出了什么请求？浏览了什么页面？做出了什么动作？等等。由于网络日志体量巨大，因此这些宝贵的信息被淹没在浩瀚的网络日志数据海洋中。而网络安全审计所承载的重要性在于：通过海量的日志分析，识别异常行为，探测攻击行为，学习攻击规律，寻找系统安全漏洞。

其次，网络日志关乎消费者画像和产品设计。网络日志结合 Cookie 技术可以追踪一个人一系列的浏览行为，可以看到一个用户来到北京大学光华管理学院网站后做了什么搜索，看了什么内容，浏览了多长时间。根据这些信息是否可以推断：该用户是一个学者（来寻找相关有研究信息），还是一个潜在的 MBA 学员（关注 MBA 项目内容），或者是一个潜在的 ExEd（高层管理教育的英文缩写）客户？能否从大家的浏览行为中洞察：大家对什么样的教授、什么样的课程、什么样的研究感兴趣？这种洞察是否可以进一步帮助我们改进产品设计？

第三章/*Chapter Three*

朴素的数据价值观

数据分析的核心

人们为什么关心数据？因为数据中蕴含着商业价值。更具体地说，数据作为一种电子化记录，描述刻画了各种各样的不确定性，而不确定性蕴含着商业价值。因此，数据分析的对象不是数据本身，而是数据所描述的那种不确定性。同样，数据分析的目的也不是分析数据本身，而是创造价值。只要是能够创造价值的数据分析都是好的数据分析，相反则不然。我对数据分析价值的判断，同数据量的大小、分析方法是否"高大上"没有必然联系。该价值观的形成，并不是凭空臆想、突然形成的，它得益于真实的数据产业实践。

例如，有朋友很困惑："我们做了一款这么棒的数据产品，数据量这么大，体验这么好，可视化创意如此独特，客户怎么就不愿意买单呢？"对于这样的困惑，你会是何种感受？最开始，我也非常沮丧，也觉得这东西很好啊，客户怎么就看不懂呢？但是，随着时间的推移，我的看法在慢慢改变。就像老师不能挑选学生一样，在商业实践中我们很难挑选客户，因此不能把数据产品的失败归咎于客户的无知，这样做没有任何意义。对此，一种更有建设性的思考方式是：为什么我的数据产品客户不认可？想来想去，大概只有一个原因：价值不明晰。更加具体地说，数据产品之于客户的重要业务，所创造的商业价值不明晰。这里有两种可能：一是数据分析根本就没有创造价值；二是数据分析所产生的价值难以被客户感知。无论是哪种情况，都会极大地影响数据产品的推广。

价值表现的三个方面

第一，企业靠什么活着？收入！即使没有现在的收入，也要有未来可预期的收入。什么收入都没有，怎么能开店？所以，请记住第一个关键词：收入。第二，企业为了实现收入，需要做什么？支出（或者说成本）。没有成本，空手套白狼的生意不多见。所以，第二个关键词是：支出。收入减去支出，就是利润。在资本当道的今天，利润可以暂时是负的，没有问题。第三，没有任何企业对自己的未来是100％确定的，因为这里面有很大的不确定性，而不确定性带来的是什么？风险。所以，第三个关键词是：风险。接下来，就这三个方面分别予以探讨。

第一个方面：收入。

从一个数据从业者的角度，可以先检讨一下：你的数据产品能否帮助客户实现额外的收入？请注意，这里的关键词是"额外"。假如客户是卖豆浆的，以前没有你的数据分析，他每天卖100碗。后来，有了你的"高大上"的数据分析，每天卖多少？还是100碗！那你的价值在哪里？如果客户开始每天销售豆浆150碗了，你的数据分析的价值就体现出来了，这个价值就是那额外的50碗豆浆！再如，客户是一个电商网站，他的主页上有一个推荐栏。过去这个推荐栏的转化率是2％，通过你的数据分析，推荐栏的转化率提高到5％，由此大幅提高了客户的销售收入。这额外的3％的转化率就是你的数据分析的价值。又如，客户是第三方支付机构，有大量的支付收单数据，描述一个商户经营过程中的现金流。这些数据平时只能用于满足业务运营的基本需求（例如：对账），并没有任何其他价值。通过你的数据分析，为商户设计了更加贴心的金融产品（例如：小额信贷），并因此对接相应的金融机构，满足了商户的资金周转需求，也为第三方支付机构产生了额外的收入，这就是你的数据分析的价值。

第二个方面：支出。

有朋友问："我们的数据距离收入有点远，不能给客户增加收入，但是有可能给客户节约不必要的支出，也就是成本。这样行吗？"当然行，而且更好！为什么？因为收入的增加往往具有很强的不确定性，这些不确定性来自市场的波动、政策的变化、竞争对手的博弈等，都不在企业的控制范围。但是支出却更多地掌握在企业自己手里。因此，相对收入增加而言，控制支出更可预期。

比如，超市现有100个收银员，通过技术改造、数据分析、合理排班，80个收银员就够了，直接节省了20个人的人工成本，这节省下来的20个人的人工成本就是你的数据分析的价值。再如，客服中心有1 000个接线员，每天接听海量电话，解决各种客户问题，其中绝大多数问题都是很标准的典型问题。现在，通过语音识别技术自动识别客户问题，通过AI助手自动回答解决，因此而节省下来的工作量所对应的成本就是你的数据分析的价值。

第三个方面：风险。

还有朋友问："我的数据分析，第一不能直接增加收入，第二不能直接节省成本，但是可以控制风险。这样的数据有商业价值吗？"当然有。事实上，风险就是连接收入和支出的一个转化器。对风险的把控，或者可以增加收入，或者可以降低成本。

很多商业银行都有网上申请系统，允许用户通过互联网直接申请信用卡或者其他金融信贷产品。为什么要在网上做？因为流量大、成本低、效率高。但缺点是风险比较大，见不到真人，有些线下才能提供的材料无法获得。怎么办？那就只能提高在线申请的门槛，降低通过率。这样做的优点是安全，把坏人拦在外面；缺点是"错杀"了很多好人。而好人之于银行就是客户，就是收入，就是利润。为什么要"错杀"好人？因为不了解他们，缺乏信任，无法实现风险管控，这是一个非常遗憾的事情。但是，如果你能够通过数据分析帮助这家银行更加准确地区分好人和坏人，那么银行就可以放心大胆地给更多的好人发卡、放贷，增加收入和利润，同时，还能保证坏账率在合理的范围之内。这样的数据分析，谁能否认它的价值呢？这样的价值是把对风险的把控转化为收入的提高。同时，因为风险管控做得好，坏账率就低，还节省了催收成本。由此，对风险的把控，还可以转化为对支出的节省。这就是数据分析的价值。

参照系

综上所述，数据的商业价值最可能体现在三个方面：收入、支出、风险，但还不够。真实的业务环境常常非常复杂，最终产生的价值（例如：收入的提高）往往难以被感知，因为缺乏一个可量化的参照系。

有朋友说："我们最近给一个客户做流失预警模型，准确度达 75％！"我觉得还不错呀。但是，他却垂头丧气，说领导很不满意，觉得这个准确度太差，连 99％都不到！我倒吸一口凉气，心想："99％，你咋不上天啊！"前面已分析过，客户流失行为是一个高度不可预测的不确定行为。其中有无知的成分，也许可以通过数据分析去学习把握，但这里面更有无奈的成分。例如：竞争对手为了争夺同一个客户资源，它会采用什么手段？会产生什么效果？这很难说清楚。因此，客户流失行为的预测不可能特别精准。但是，领导并不明了这个道理。如何破局？这里最主要的困难是，领导对客户流失的预测精度没有一个合理的预期。为什么没有？因为他没有合理的参照系。在没有参照系的情况下，领导对客户流失预测精度的大小无法评估，于

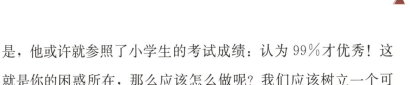

是，他或许就参照了小学生的考试成绩：认为 99％ 才优秀！这就是你的困惑所在，那么应该怎么做呢？我们应该树立一个可量化的参照系。这里有两个关键词：第一，量化；第二，参照系。

为此，可以研究一下：客户在没有数据分析的帮助下能做多好？在你到来之前，客户自己是有流失预警得分的，这个得分准确度如何？很多时候，客户自己就没评价过，并不知道。你要帮助客户进行评价，其结果恐怕会惨不忍睹。这时你就可以说：领导，您看，之前咱们的准确度是 65％，已经做得非常不错了。现在经过双方共同努力，准确度提高到了 75％。为此您可以节省多少不必要的支出，或者增加多少额外的收入，等等。这样是不是更有说服力？因为你确立了一个可以量化的参照系，这个参照系就是：客户现有准确度 65％。如果没有这个参照系，而你又想说明 75％ 的准确度是有价值的，就比较困难。

再看一个例子。随着物联网技术的成熟，车联网数据被大量地采集下来，并通过无线网络传输到云端。这些数据包括仪表盘上的所有数据，还有车辆所在位置、油箱情况、胎压状态、方向盘状态等。这些数据非常忠实地记录了一个人的驾驶行为，而驾驶行为和出车险的概率密切相关。对于这个概率的理解可以帮助企业设计相应的 UBI（usage based insurance）保险产品。因此，基于车联网数据，建立一个从驾驶行为到出险与否的概率模型就成了一个很重要的问题。为此你可以尝试各种模型，但是可以预见这些模型都不可能太准。因为车险本身就是小概率事件，而对小概率事件的预测不可能太准确。因此，这个模型的商业价值很难被客户感知。怎么办？在实际工作中，可以根据模型风险评估得分将所有车辆按照风险高低均分成（例如）3组，对应的分别是：高风险组、中风险组、低风险组，让它们互相成为对方的可量化参照系。然后，跟踪它们下一年的出险情况，将会发现高风险组的出险率是低风险组的3倍不止！这样的数据分析价值会更容易被感知，因为你为它建立了一个可被量化的参照系。

最后一个例子，考察一个重大设备（例如：一个大型锅炉）。该设备的稳定生产意义重大，每次宕机、维修后重启都要消耗很大的成本。为了降低该设备宕机的概率，我们为它安装了一整套完整强大的物联网监控设备，采集了该设备方方面面的运行数据，例如：电压、气压、风速、温度等。这些数据就像一个自然人的各种生理指标，描述了该设备的健康状况。通过对该数据的分析，实现对设备运行状况更科学细致的监控，并实现预防性保养和维修，最终将该设备宕机次数从平均2.3次/年降低为1.5次/年。这样的数据分析价值同样更容易被感知，因为它有一个可被量化的参照系。

价值与业务场景

纯粹的数据不产生价值，纯粹的算法更不产生价值。价值的产生一定依赖于具体的业务场景，尤其依赖于带有强烈不确定性的业务场景。

什么是业务场景？所谓业务场景就是价值创造所必需的一系列业务元素与条件的集合。这个定义有点抽象，如何理解？有两个要点：第一，有业务场景，就自动有价值。为什么？因为产生商业价值是定义业务场景的一个必要条件。不产生价值，就不成为业务场景。第二，业务场景是一系列业务元素和条件，因缘际会和合而成。以百度搜索广告为例，业务元素包括：浏览者（使用百度搜索的普通用户），广告主（付费打广告的商家），代理商（替广告主做搜索引擎营销优化的机构），当然还有平台自身（这里就是百度）。从浏览者的角度看，业务条件包括：必要的时间（白天还是晚上），地点（公司或者家里），网络条件（4G还是WIFI），设备（手机还是PC）等。这就是对业务场景的一个具体定义。你是否注意到一个细节：业务场景的定义似乎跟数据没有关系？是的，业务场景的定义跟数据没有必然的关系。定义业务场景的关键就是创造商业价值。只要有商业价值创造就一定有业务场景，只要有业务场景就一定有商业价值创造。商业价值创造是业务场景的充分必要条件。

因此，如果数据能够"傍上"业务场景这个"大腿"，那么价值创造就不是问题。如果数据无法"傍上"业务场景这个"大腿"，那么价值创造将成为纸上空谈。毕竟，纯粹而孤立的数据是没有价值的。有人说："我的算法非常精尖，宇宙无敌！"可是再厉害的算法也敌不过独特而精准的数据。还有人说："我的数据天下第一，超级值钱！"如果没有可落地的业务场景，数据就是一堆垃圾，消耗着资源。所以，我的观点很简单：场景第一，数据第二，算法最后，这才是一个正确的顺序。由此可见，要践行数据商业价值，首先需要分析业务并寻找高价值场景。价值太小的场景也许不值得关注，真正值得关注的是能够产生重大商业价值的场景。但是，这样的业务场景如何寻找呢？

假设一个便利店连锁集团的领导找到你，说："小王啊，咱们集团有上百家便利店，遍布北京各个城区，每天近十万的客流量，留下了不少购物数据，这些数据能为我们创造什么价值

呢?"你如何回答? 也许你会说:"咱们做个菜篮子分析吧,看看有没有可能发现一个啤酒跟尿布的故事?"或者说:"咱们研究研究天气吧,看看天气跟雨伞销售量有什么关系?"这样的业务场景要么完全不靠谱(例如:啤酒跟尿布的故事),要么是常识(例如:雨伞跟下雨的关系)。这些数据分析所对应的场景太细小、太琐碎,甚至压根不存在。在这样的场景下,数据所创造的价值不可能太大,甚至没有。因此,场景自己的重要性极其重要,它决定了数据商业价值创造的上限。如果你希望用数据创造更大的商业价值,就需要关注企业的核心业务,在核心业务方向上寻找重要的业务场景。

回到便利店连锁集团的案例,你也许应该先问:"领导,请问咱们集团今年的战略目标是什么?"你可能会疑问,一个做数据分析的为什么要关心集团的战略目标? 因为战略目标决定了集团的价值取向。只有跟集团战略目标高度一致的价值才会被高度认可。因此,在数据分析之前,首先应该关注集团的战略目标,以及跟这个战略目标相关的核心业务,还有同核心业务相关的业务场景。也许领导会告诉你:"咱们集团现在才 100 多家门店,今年想开到 1 000 家,这就是集团今年的战略目标。"我们知道,开店最重要的问题是选址,位置的好坏直接决定未来便利店的收入和利润。因此,选址就是一个业务问题,也是一个具备价值创造属性的场景。领导作为集团创始人,在选址方面应该是独具慧眼的，一个位置是否适合开店，应该开多大，他亲自去考察、研究，往往就能做出比较准确的判断。因此，看起来开新店选址跟数据分析没什么关系，真的是这样吗？开一两家新店可能需要考察一二十个店址，也许领导还看得过来。但是，如果要开1 000家新店，那得考察多少个店址？领导不可能有精力看得过来。谁来替代领导去考察？质量如何保证？这些都是问题。

这时，数据分析就能帮大忙了！通过已经有的100多家店及其过去的经营业绩，能看出各店的相对好坏，而这些相对好坏和它们各自所处的位置存在某种相关关系。例如，一个店面业绩的好坏，跟是不是在写字楼里有关系吗？跟周围的交通量有关系吗？跟周围有没有地铁站有关系吗？跟周围的小区有关系吗？跟周围有没有竞争对手有关系吗？这都是数据分析要研究的具体问题，这些问题可以通过数据模型规范出来，从而形成一个综合科学的打分系统，以此代替领导的决策。这样的自动化决策系统，随着数据的积累、模型的改进，能够最终做得比领导自我决策还优秀！

对这样的业务问题做出优秀的数据分析，其价值是巨大的。因为这样的数据分析瞄准的是企业战略性的核心业务，"傍上"了选址这个高价值的场景，其产生的价值的认可度就会更高。

价值与商业模式

价值是什么？价值就是业务的核心诉求。业务的核心诉求是由企业的商业模式确定的。不同的商业模式产生不同的业务诉求，需要不同的价值体现。因此，数据价值的创造与企业的商业模式紧密相关。在不同的商业模式下，收入、支出、风险的定义各不相同，因此人们对数据价值的期待各不相同。对商业模式的错误理解可能带来错误的数据分析方向，无法践行数据商业价值。

先看一个失败案例。我曾经分析过一家连锁快捷酒店的数据，发现该快捷酒店的定价策略很混乱。在房源紧张的旺季不涨价，而在客源少的淡季也不降价。通过对历史数据的分析，发现可以用当天的数据对明天的客流量做一个相当不错的预测。我们是不是可以根据预测客流量的高低将价格运行动态调整，从而增加收入呢？通过对历史数据的大概测算，我们预计能够帮这种类型的分店提高至少 20％的收入。前面讨论过，收入是数据价值表现的第一个重要方面。因此，整个数据分析团队对该结果都非常兴奋！

但是，当我们向对方领导汇报这个结果时，却被泼了一大瓢凉水。对方说："我们对这不感兴趣。"但我们的分析直接瞄准的是企业收入！第一次听说有企业会跟收入过不去。我正困惑时，对方说："我这个连锁店啊，绝大多数都不是直营店，而是加盟店。因此，总公司的收入主要来源于加盟费。我对加盟店的收入不抽成，因此这些加盟店的收入有多少跟我关系不是特别大。"

对方领导是完全不关心收入吗？当然不是！他跟所有企业的管理者一样，非常关心收入。但我们分析的运营收入是各个分店的收入，不是集团总店的收入，因此不是集团领导关心的主要问题。这是由该连锁集团的商业模式（加盟模式）所决定的。连锁店向总店每年上交加盟费，而不上交营业收入。因此，该连锁集团的商业模式决定了集团总店的收入模式，集团总店的收入模式决定了业务的核心诉求，决定了数据分析价值的方向。

跟对方进一步沟通发现，我们所看到的混乱定价现象，很可能是人为造成的数据质量问题，因为各个加盟店跟总公司有着复杂的合作与博弈关系。它们之间显然是要合作的，因为都在享用同一个品牌，分店向总店缴纳加盟费，总店对整个集团的品牌推广负有重大责任。但从分店的角度看，它们并不希望总公司对自己的实际收入情况了解太多，尤其是那些收入很好的分店。他们担心，如果让总店知道了他们的卓越业绩，下一年的加盟费会增加。因此，分店有很强的冲动去瞒报部分数据。

　　这么看来，我们的数据分析结果对于一个以加盟为主要商业模式的连锁酒店意义不大，是我们对总店收入理解错了。我们这样的数据分析方法对以直营为主的连锁酒店也许更有意义，这说明对商业模式理解的重要性。对于一个具体的企业，正确理解它的商业模式是创造数据商业价值的根本前提。

　　再看一个成功案例。一家物流企业有100多辆大卡车，这些大卡车每天在路上飞奔，消耗了大量的汽油。通过数据分析发现，同样的卡车、同样的路程、几乎同样的载重，油耗却可能差别很大。如果能找到这背后的原因，并制定相应的管理措施，就能够为车队节省大笔汽油成本。如果你是物流企业的负责人，你会对这样的数据分析感兴趣吗？

　　在回答这个问题之前，我们先了解一下这家物流企业跟这100多辆大卡车之间的关系。很多物流企业下属的大卡车其实都不是该企业拥有，而是司机自己带着大卡车挂靠上来。如果是这样的模式，那么所有卡车相关的运营费用都由司机自己负担，物流企业并不关心汽油费。相反，如果这家物流企业是直营模式，企业真实拥有这些卡车并且承担卡车的汽油费用，相关的数据分析才变得有意义。

经过沟通发现，这家企业就是这种直营模式。公司拥有100多辆大卡车，同时雇用司机。司机接受公司派活之后，会从公司领取一张汽油卡用于沿途加油。等派活结束后再将油卡还给公司管理人员，接下来管理人员会对本次派活所消耗的油量做一个记录。那么为什么会出现不同司机之间的油耗差别很大的情况呢？油耗差别之大，已经不可能通过驾驶习惯（例如：急刹车、急加速）来解释了。经过多方调查了解才发现：在这个行业里偷油现象非常严重。大多数诚实的司机不偷油，但是也有一些司机偷油。而且，有偷油陋习的司机缺乏一个共识：什么样的路途、什么样的卡车、载重多少的情况下应该偷多少油。因此，每个人偷油量各不相同，也就造就了这个现象：同样的车、同一趟路、几乎同样的载重，油耗却相差很大。物流企业对此非常恼火，非常渴望通过数据分析能够控制解决这一问题。

我们准确地找到了一个被客户高度认可的业务场景，之所以能够比较准确地找到该业务场景，根本原因是：正确理解了合作伙伴的商业模式。

可被归因的价值

　　商业价值的创造依赖于具体的业务场景，而具体的业务场景往往非常复杂，多种因素同时作用，数据分析仅仅是其中的一部分。当价值被创造出来时，哪个因素贡献了多少，多少贡献可被归因于数据分析，不容易说清楚。如果数据之于价值的因果关系很模糊，那么相应的产业发展空间就非常有限。

　　以互联网广告为例。广告是互联网企业实现收入的一个重要手段，而互联网又是一个数据非常丰富的领域。因此，大家似乎普遍认为，数据分析能够在该领域创造巨大的商业价值。我对此持谨慎态度。我不否认数据分析之于广告的重要价值，但价值有多大，是否有想象的那么大？是否有媒体描述的那么大？我很怀疑。事实上，在国内外的广告领域有很多以广告相关数据为核心业务的企业，但是其中似乎没有特别出众、特别优秀的。核心原因就是：广告（所有的广告，不仅仅是互联网广告）的效果难以测量，其价值难以归因，因此决定了这个行业发展的天花板不高。

企业为什么要打广告？要做市场。企业为什么要做市场？为了增加销售。有的朋友会认为不是这样的，他觉得广告的一个重要作用是提高品牌知名度，培养忠诚客户。那么提高品牌知名度又怎样？有了忠诚客户又怎样？所以，广告的最终目的就是实现销售，只是有长期销售还是短期销售之分。短期销售相对容易测量，而长期销售几乎不可能准确测量，多长时间才算长期也许就是一个伪命题。由此可见，广告的目的本身就不容易定义清晰。

即使假设广告的目的就是增加某种清晰定义的销售收入，但广告的价值也仍然难以说清楚。昨天我买了一款华为手机，是哪些广告对我起了作用呢？我在机场高速的大广告牌上看到了该手机广告，在电脑PC上也看到了。后来，我又去百度搜索了"华为手机"，看到了更多的信息。之后我还去淘宝搜索了，仔细看了该型号手机的技术配置以及各种产品评价。可我还是没下定决心买这款手机。有一天正百无聊赖，突然有一位朋友发了一张精美绝伦的风景照，以为是"高大上"的单反相机拍摄的，结果得知是一款华为手机拍摄的。我们俩在朋友圈里的讨论吸引了很多围观群众，他们中很多人也提供了该手机的各种评论，其中正面居多。最后，我终于下定决心要去购买了，可我不想去淘宝买，因为我是京东的忠实用户。最后，我在京东下单，完成了购买。

这么复杂的决策过程、这么漫长的购买周期，其间我接受了各种广告信息的曝光，到底是哪种广告对我产生了实质性影响？影响多大？我自己都说不清楚，怎么可能有其他人能够说得清楚？如果广告之于销售的价值都不容易说清楚，那么数据之于广告的价值又如何能够厘清？

也许你会说，广告之于销售的效果在有些具体场景下是说得清楚的。例如，在搜索引擎营销领域，一个网民在百度的搜索行为跟他最后的购买行为是可以直接匹配上的。通过必要的监控技术，人们可以知道搜索"手机"的人没有购买华为手机，而搜索"华为手机"的人就购买了。因此，关键词"华为手机"的广告效果就要优于"手机"。其实不是这样的，这样的分析太简单了，至少忽略了两个问题。

第一，一个人来百度搜索"手机"也好，搜索"华为手机"也好，其背后的原因是什么？他是不是受了什么刺激？是机场广告牌还是朋友圈？也就是说，来百度搜索相关关键词并不是这个销售漏斗的起点，而是已经非常接近终点了。在此之前的广告环节的贡献其实是更不容忽视却难以评价的。把在线销售的所有成就归因于搜索平台，并因此压缩传统媒体的广告投放是一个危险的决定。一旦你做出这样的决定，你会发现来百度搜索相关关键词的用户会大幅减少。数据分析从业人员在百度（或者任何其他广告平台）采集到的数据，仅仅描述了一个漫长购买周期中的一个环节而已。如同盲人摸象，仅仅对一个很小的局部清楚，并不了解大局。

第二，你可以告诉广告主：你就是一个搜索引擎营销公司，对发生在百度以外的广告行为无能为力，能做的就是对发生在百度生态体系内的流量负责。你关注的是来到百度搜索的目标用户最终是否完成购买，能做到对这个销售环节的广告效果归因。相对而言，这个定位就要靠谱很多。例如：我可以知道搜索"手机"的人没有购买华为手机，而搜索"华为手机"的人就购买了。因此，关键词"华为手机"的广告效果就要优于"手机"。但事实并不一定是这样。假设一个用户，先搜索了"手机"，并因此浏览了多个网站，其中包括华为广告主的手机网站。然后下定决心购买"华为手机"，并通过这个关键词在该家网站完成购买。从搜索引擎数据监控的角度看，"手机"这个关键词并没有带来直接转化。但是你能说"手机"这个关键词没有贡献吗？要知道，如果没有这个关键词"手机"在前面铺垫，后面"华为手机"实现转化的可能性很小。因此，"手机"对于最后的销售收入有贡献，但是贡献多少却是一笔糊涂账。如果"手机"有贡献，那么排在"手机"前面的那个关键词

（例如："国产手机"）有没有贡献呢？贡献是多少呢？问题可以不停问下去，无穷无尽，没法准确回答。

由此可见，互联网广告之于销售收入的价值是很不容易归因的。难怪人们总抱怨：我们的广告费一大半都被浪费掉了，但是不知道浪费在哪里。这句话放在移动互联网时代仍然成立。既然广告之于销售的价值都如此模糊，那么数据之于广告，再之于销售的价值，就更说不清楚了。我并不是说数据分析之于广告毫无价值，恰恰相反，我认为非常有价值，但是这个价值也许没有大家想象的那么大。因此，相关的行业天花板不高，难以孕育一个特别出色的数据企业。

回归分析的"道"与"术"

　　不确定性蕴含商业价值，数据电子化记录了不确定性。所谓数据分析，就是通过分析数据的各种技术手段，研究不确定性背后的规律，洞察其中的商业价值。因此，需要一套系统的方法论用于分析数据，研究不确定性，而这套方法论就是统计学。

统计学不研究统计

　　你也许会说："统计学不就是研究统计吗？怎么能说统计学不研究统计？如果统计学不研究统计，那么统计学研究什么？"对这个问题的理解，关键在于如何定义统计。如果统计代指统计学这个领域，那当然是对的。但是，如果统计是指普罗大众印象中的描述统计（例如：数数，求和，求均值，求最大、最小值），那可就太狭隘了。虽然描述统计是统计学的一部分，但绝大多数情况下，它们只是统计学研究问题的一个手段，而不是被研究问题本身。

那么统计学研究的问题本身到底是什么呢？其中一种说法是，统计学是研究总体（population）和样本的。这个说法是错误的。首先，什么是总体？如果总体的定义是抽样调查中的那个总体（即所有个体的总和），那是很狭隘的。绝大多数情况下，统计学所关心的总体是一个现实世界中压根不存在的抽象的概率模型，该模型主要用于描述数据生成的随机机制。由于数据描述的是一个真实的不确定性现象，而真实的不确定性现象往往错综复杂，其中既有无知的部分，更有无奈的组成，甚至根本就不是一个随机现象，因此，没有任何随机机制（即概率模型）可以完美描述真实的数据生成机制。由此可见，随机机制也好，概率模型也好，都是对真实世界的一种无奈近似，不可能绝对正确。所谓总体、概率模型、随机机制，都不过是统计学研究问题的手段而已，而不是统计学研究的问题本身。

根据《不列颠百科全书》对统计学的定义，统计学是一门关于收集数据、分析数据并根据数据进行推断的科学和艺术。

这似乎是一个相对而言比较广泛被接受的关于统计学的定义。我曾经也认为这是一个比较权威的定义。但是现在我认为这个定义非常糟糕，原因如下：

第一，统计学是关于收集数据的吗？确实有很多收集数据的场景需要统计学智慧，其中涉及统计学一个重要领域：实验设计。但是，如果把实际工作中所有关于收集数据的场景汇总在一起，你会发现统计学智慧能够参与的比例其实非常小。在绝大多数情况下，人们不需要或者至少不会主动去寻求统计学的帮助。

例如，安装摄像头、物联网监控设备、网站监控代码等，这些都是非常典型且重要的数据采集场景，实际工作者基本上不会征求统计学家的意见。当然，这也许是因为实际工作者的无知，或许有了统计学的帮助，相关的数据采集工作可以做得更好。但是，我相信好不了太多。因为如果统计学的智慧能够给这些工作场景带来重大改进，市场力量就会驱动决策者主动寻找统计学的帮助。而实际上，这些数据采集场景的决策，主要是业务驱动的，跟统计学没什么关系，或者实施统计学智慧的成本太高。

所以，"统计学是关于收集数据的学问"这个说法是牵强的，因为收集数据这个事情最主要的部分跟统计学无关。如果因为统计学跟收集数据有一定的关系，就说统计学是关于收集数据的学问，那么统计学就是关于"everything"的学问，因为统计学同"everything"都有一定的关系。同样的逻辑，可以应用于"every"其他学科，最后变成，"every"学科是关于"everything"的学科，这是一句没有意义的废话。

第二，统计学是关于数据分析的吗？这要看如何定义数据分析。如果定义数据分析就是统计学，那么统计学当然是关于数据分析的学问。如果定义数据分析是关于数据的分析，那么 1+1=2 是不是数据分析？这里有数据（1 和 2），也有分析（1+1=2）。也许这样的例子并没有代表性，那么考虑一个更有代表性的场景：会计是不是做数据分析的？会计工作中会涉及大量的数据分析，但大量是确定性的数据分析，跟统计学没有太大关系。因此，简单说"统计学是关于数据分析的学问"是有待商榷的。

第三，统计学是科学和艺术吗？这句话是这个定义里最糟糕、最无聊、最没技术含量的一句"鸡汤"。因为这句话放之四海而皆准。你可以说数学是科学和艺术，物理学也是，化学也是，生物学也是，等等。一个更好的问题是哪个学科不是科学和艺术？在课堂上，我喜欢开玩笑："我的长相，就相当地科学和艺术。其科学之处在于有鼻子有眼，满足生存基本需求；其艺术之处在于独一无二，实在不如网红帅。"因此，科学和艺术这几个字放之四海而皆准！

那么统计学研究的问题本身到底是什么？不确定性，就是前文反复讨论到的不确定性，就是那个蕴含商业价值的不确定性，就是那个由无知和无奈组合而成的不确定性。只要一个实际问题涉及不确定性，它就是一个统计学擅长研究的问题，否则就不是。

假设环保部门要在全国范围内采集 PM2.5 数据，这是一个数据采集问题。如果预算充足，可以在全国所有地区布设监控站点，这跟统计学没有任何关系，是纯粹的建设问题。但是，如果预算捉襟见肘呢？那就需要在合理精度的要求下，监控尽可能广泛的区域。我们可以看看不同地区 PM2.5 的波动性（也就是某种不确定性）。如果是一个大草原，一年四季空气都非常好，PM2.5 都在 10 以下，显然就不需要设太多的监控站。而对于北京这样的重点城市，人口众多，经济发达，空气可能非常好，也可能非常糟糕。这样的地区就要多布设一些监控站点。为此，需要借助统计学的智慧，去理解各个地区 PM2.5 的不确定性，这就成了一个典型的统计学问题。再看一个例子，同样是会计数据分析，如果关注的问题本身是资产负债表的左右平衡，这是一个确定性问题，不需要统计学智慧。但是，如果希望通过对当前的会计数据分析预测企业下一年度的盈利状况，这就涉及很大的不确定性，就成了一个典型的统计学问题。这里的关键之处是不确定性！

所以，统计学不研究统计，研究的是不确定性！

回归分析与不确定性

统计学研究不确定性的具体技术手段是什么？这是接下来要讨论的内容。统计学有多种不同的研究不确定性的方法，其中特别重要的一大类（甚至在我看来是最重要的一大类）就是回归分析。

不同学者对回归分析的定义各不相同，在我看来，回归分析由两部分组成：业务分析和技术分析。其中，业务分析属于"道"的层面，而技术分析属于"术"的层面。从"道"的层面来看，回归分析是业务分析，其分析的不是数据，而是业务，是业务中的不确定性。通过业务分析，获得对业务不确定性的理解，进而将抽象的不确定性业务问题转换成一个具体的数据可分析问题。什么是数据可分析问题？一个业务问题，只要有

清晰定义的因变量 Y（不管是看得见的，还是看不见的）和清晰定义的自变量 X，这就是一个数据可分析问题。

一旦把业务问题规范成一个具体的数据可分析问题（有清晰定义的 Y 和 X），那么接下来就是技术分析，属于回归分析"术"的层面。在这个层面，人们关心对于一个既定的 Y 和 X，要研究其中的不确定性，应该选择什么样的模型设定，线性模型还是非线性模型，一元模型还是多元模型，简单的决策树还是随机森林，普通的神经网络还是深度学习。模型设定确定下来后，还需思考应该用什么方法估计，如何调优，等等。

回归分析的"道"和"术"都很重要，但是现有的教学和科研实践主要集中在回归分析的"术"（技术分析）上，例如，各种回归分析模型、机器学习算法，而回归分析的"道"（业务分析）却被极大地忽视了。我认为，回归分析的"道"才是最重要的部分，而且极具挑战。不懂业务分析之"道"，就不懂如何把不确定性业务问题规范为一个关于 Y 和 X 的数据可分析问题。没有这个前提，任何回归分析的"术"都不可能有用武之地。由于回归分析的"术"在大量的教科书、学术专著中被反复深入讨论，这里不再赘述。我将主要讨论回归分析之"道"：业务分析。借助一个虚构但有趣的案例，抽丝剥茧，逐步展示一个不确定性业务问题是如何被规范成一个标准的数据可分析问题的。

假设隔壁老王开了一家公司——老王科技，专卖老鼠药。老王最关心的莫过于销售收入（Y），这是老王科技存在的基础，是其核心业务问题，因此是一个重要的因变量 Y。关于未来的销售收入（Y），老王有一定的判断力，但是无法做到完全准确。毕竟未来的 Y 具有很大的不确定性，而老王数据分析的焦点就是这种不确定性。如前所述，该不确定性有无知的部分，是可以通过老王的经验积累、数据分析逐步解决的。例如，老王根据多年的经验发现：广告投入（X）跟销售收入（Y）就有很大的相关关系，而由广告投入（X）所产生的关于销售收入（Y）的不确定性就属于无知的部分，是可以通过数据分析的方法去学习的。但是，Y 的不确定性也有无奈的部分，那就是马路对面的老李、老张、老赵的公司都是老王科技的直接竞争对手，他们跟老王一起都对稀缺的客户资源进行着无限博弈。他们会根据老王的策略制定相应的对策，无论老王策略如何，他们永远有对策。当然，老王也会根据竞争对手的对策进一步优化改进自己的策略。因此，这部分所对应的不确定性永远没法绝对准确地预测。

因为没有任何数据分析可以理解不确定性中的无奈，所以老王的数据分析只可能聚焦在无知上。进一步思考发现，无知可以被进一步细分成两部分：一是基于老王当前资源状况的"可被研究的无知"。例如，老王的经验认定：广告投入（X）影

响着销售收入（Y）。而广告投入（X）这个数据，老王记录了下来，成为一种宝贵的数据资源。在该资源的支持下，老王就可以研究在销售收入（Y）的不确定性中，有多少是由广告投入（X）决定的。所以，广告之于销售的作用属于"可被研究的无知"。二是"无法研究的无知"。能够影响销售收入（Y）的因素，不仅仅局限于广告投入，其他可能的因素还有天气、日期等。但是当时的老王缺乏这样的数据资源，因此同这些因素相关的无知就属于暂时"无法研究的无知"。当然，随着时间推移，老王迟早会拥有这些数据资源并纳入未来的新模型中，形成更加丰富的 X。因此，"可被研究的无知"被扩大了，而"无法研究的无知"被缩小了。随着数据资源的增加，"无法研究的无知"可能会无限缩小，但是不可能完全消失。而"可被研究的无知"才是老王数据分析的焦点。

　　至此，老王已经把他所关心的关于销售预测的业务问题规范成一个具体的数据可分析问题，其中有清晰定义的 Y（销售收入），也有清晰定义的 X（广告投入）。这时关于这个问题的业务分析可以告一段落了。接下来需要考虑的是技术分析。

老王认为，关于未来销售收入 Y 的不确定性，可以细分为三部分：可被研究的无知、无法研究的无知，以及无奈。其中可被研究的无知对应于现有的数据资源 X。由于无奈也是无法研究的，因此可以把无法研究的无知和无奈整合在一起，形成一个新的概念"无法研究的不确定性"，并通过数学符号 $\in$ 来代替。在此基础上，再寻找一个合适的函数 f 用于描述 Y，X 及 $\in$ 这三者之间的关系，于是就得到了一个典型的回归分析模型：$Y = f(X, \in)$。这就是技术层面的回归分析模型、一个具体的数学表达式。由此可见，在"术"的层面，所谓回归分析，就是通过合理的数学模型，将因变量 Y 的不确定性拆分为：可被研究的不确定性（X）和无法研究的不确定性（$\in$）的方法，并通过一个合理的模型函数 f，将各个元素组合在一起。依赖于不同的 f 的选择、不同的 X 类型以及不同的 $\in$ 设定，对应不同的回归分析模型。例如，如果 $f(X, \in)$ 是关于 X 和 $\in$ 的线性函数，那么该模型就变成：$Y = \beta_0 + \beta_1 X + \in$。这就是最经典的简单线性回归模型。在这里，$\beta_0$ 是截距项，表示没有广告投放（$X = 0$）的情况下对销售收入 Y 的预期；β_1 表示每单位广告投放的增加（从 X 增加到 $X+1$）所能带来的 Y 的预期增加。在这个特定的场景下，X 如果是广告投入，那么 β_1 也可以被理解为预期的广告投资回报率。当然，这里只考虑了一个解释性变量（也就是一个 X），而普通线性回归模型可以考虑多个 X 变量。

回归分析与管理决策

回归分析将业务中的不确定性简单拆分为"可被研究的无知"和"无法研究的不确定性"，其中"无法研究的不确定性"对于所有人都是一视同仁的，在这方面，没人能够获得高人一等的见解。但是，回归分析能够帮助人们更加透彻地理解甚至把握"可被研究的无知"。人们希望通过对"可被研究的无知"的洞察，产生可被执行的管理决策，改善实际业务，创造价值。具体该怎么做呢？

假设某电商网站有 1 万名 VIP 会员。管理者关心每个月会员消费所产生的利润，这是当前业务的核心诉求，因此将其定义为 Y。请注意，不同 VIP 会员的利润（Y）各不相同，有很大的不确定性。为了部分解释该不确定性，网站采集了大量的自变量 X，并通过回归分析识别了 10 多个最重要的 X 变量，希望形成可以改进业务的管理决策。

此时有两个不同的 X 变量：X_1 标注的是该会员的性别；X_2 标注的是该会员所能享受的折扣力度。由于会员系统一开始就设计得非常棒，因此能够做到给每个 VIP 会员不同的折扣力度，千人千面。基于这样一个场景，从运营管理的角度看，这两个不同的 X 变量有什么本质的不同呢？

这个问题对于没有运营经验的人不好回答。问一个简单一点的问题：假设会员的折扣力度有三档：5%，10%，20%，哪个档次好？常识告诉我们，折扣率越低，利润率越高，但是会员的消费金额就会下降，因此利润 Y 会上升还是下降并不好说。相反也一样，折扣率越高，利润率越低，但是会员消费金额就会上升，最终利润上升还是下降也不好说。对此我们可以利用数据做回归分析。通过对数据的回归分析发现，对于男性会员，10% 这个折扣档次是最好的，而对于女性会员来说，20% 更好。接下来对应的管理决策是什么？你也许会考虑给男性会员定10% 的折扣，而女性会员的折扣定为 20%。这确实很简单，但这背后有一个重要的前提：你可以任意决定 X_2（折扣率）的取值。这是自变量 X_2 的特点，它是可以被修改、改变的，是可控的，所以称 X_2 为可控型自变量。

有可控型自变量，也就有对应的不可控型自变量，例如：X_1（性别）。假设数据分析发现，女性会员对网站的利润贡献比男性高很多，你能因此把所有男性会员改为女性吗？这显然不可行。对于 X_1（性别）这样的变量，我们只有观察接受的可能，没有任意修改操控的能力，因此称 X_1 这样的变量为不可控型自变量。面对不可控型自变量，制定管理决策是不是艰难了许多？

通过以上例子可以看出，可控型自变量容易形成管理决策。但是在实践中，不可控型自变量更多。消费者的性别、年龄、工作经历、教育背景、收入情况、过往的消费行为等，都不可控。对于企业而言，所有制性质、资产规模、注册地区、所处行业、股权结构等，也都不可控。哪些自变量是可控的呢？对于商品而言，价格、促销方式、促销力度、渠道选择、广告定位，这些都是可控的 X 变量。对于这两种不同类型的 X 变量，对应的管理决策方法是不一样的。对于可控型 X 变量，可以直接改变 X 的取值来改变 Y 的预期，进而改善业务；而对于不可控型 X 变量，不可能去改变 X 的取值，相应的管理决策就要模糊许多。

先看一个关于可控型 X 变量的例子。假设在百度投放广告，企业的预算有限，每天只能投放两小时，希望产生最好的效果。回归分析发现，时间这个 X 变量很重要，每天上午 9～10 点、下午 1～2 点广告效果最好。这时我们只要控制 X 到这个特定的时间段就可以了，几乎没有额外成本。但是，如果发现投放效果非常依赖于关键词在百度搜索中的排名，排名第一效果很好，第二差了很多，第三就惨不忍睹。此时我们就需要把广告位永远锁定在第一的位置，这需要足够高的出价。通过这样的手段，我们也能控制搜索排名这个 X 变量，但成本高昂。

再看一个不可控型 X 变量的例子。某大型企业的 HR 部门对一个上千人的销售团队负责。该团队的流失率非常高，每个员工在岗时间平均只有 6 个月，因此，用工成本非常高。但是仍然有员工能够在岗坚持 12 个月，甚至 24 个月。当然，也有员工来了两三个月就辞职。这背后有什么系统性的规律呢？为此，HR 将一个员工的在岗时间定义为 Y，而考虑一系列相关的 X。结果发现：年龄大、女性、本地户口，其在岗时间长。相反，年轻、男性、外地户口，其在岗时间短。这三个 X 变量：年龄、性别、户口类型，都是不可控型 X 变量，HR 对其无能为力，因为 HR 既不能改变员工的年龄，也不能改变他们的性别，对于户口更是爱莫能助。但是，根据这三个变量，HR 找到了未来的招聘重点，那就是在不违反相关法律法规的前提下，尽可能多招聘年龄大一点的、女性、本地户口员工。在工作性质没有改变，薪酬待遇没有改变的前提下，极大地增加了员工的在岗时长，降低了用工成本。而且，因为员工在岗时间更长，工作更加熟练，平均业绩也更好了。这就是我们处理不可控型 X 变量的基本方法。

回归五式

前面通过老王卖老鼠药的案例简单讲述了回归分析的核心

思想。其核心：一是将具体的业务问题（例如：老王卖老鼠药）规范成一个数据可分析问题（即一个关于 Y 和 X 的问题）。二是将关于 Y 的不确定性一分为二：第一部分包含了"可被研究的无知"，由解释性变量 X 控制；第二部分包含了"无法研究的无知"和"无奈"的综合，也称为"无法研究的不确定性"，由 $\in$ 表示。三是通过合理的模型设定（即 f 的选择）确定具体的回归分析模型。

这就是回归分析的三部曲。任何实际工作者都可以通过这三步把一个抽象的业务问题具体化为回归分析问题。前面我们对三部曲中的前两步有很多研究，对第三步合理的模型设定讨论不多。前面提到，不同的 f 选择对应了不同的模型设定，这背后的选择逻辑就是我将要跟大家探讨的内容。下面将介绍五种最常见的回归模型（即模型设定）以及适用的数据类型。为了方便大家记忆，统称为"回归五式"。其具体的数学形式不是本书关注的重点，大家可以参阅关于线性回归、广义线性回归的教材。

回归分析第一式：线性回归

线性回归主要适用于因变量是连续型数据的场景。什么是连续型数据呢？简单通俗地讲，就是数据是连续的，例如：身高、体重、价格、温度都是典型的连续型数据。从理论上讲，任意两个连续型数字之间应该可以插入第三个数字。连续型数据后面应该可以跟任意多的有效数字，但在实际工作中，这显然不可能，计算机都只能存储有限位有效数字。因此，在真实世界里不存在严格的连续型数据，只有近似的。在实际应用中，那些数值变化丰富的数据可以被看作"近似"连续的。接下来看一下普通线性回归有哪些重要应用。

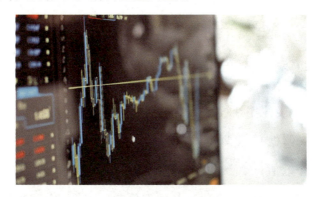

首先是股票投资。这里的因变量 Y 是某只股票或者资产组合的未来收益率，这是一个连续型的因变量。X 可以是该股票背后企业的财务特征。如果能够建立 Y 和这些 X 的相关关系，就可以通过 X 去预测 Y，然后通过合理的交易策略实现超额收益。

其次看一个关于消费者的案例：客户终身价值。这里的因变量 Y 是一个目标客户从现在开始到未来无限长的时间能够给企业创造的收入经过一定的利率折现到现在的价值。这里 X 可以是这些消费者的人口统计特征以及过去的消费记录。如果能

够建立 Y 和一系列 X 的相关关系，就可以通过 X 去预测 Y，这样可以帮助企业识别潜在的高价值客户。

最后，再讲一个关乎医疗健康的案例。高血压是一个非常普遍的慢性疾病，是个人或者社保医疗支出中的一大块。血压这个 Y 也是一个连续型数据。深刻理解一个人的血压 Y 同各种相关因素 X（例如：饮食习惯、服药习惯）之间的关系，对于改进健康、降低医疗开支有一定意义。

回归分析第二式：0-1 回归

如果因变量不连续怎么办？例如，0-1型数据。0-1型数据是指该数据只有两个可能的取值，比如，性别只有"男""女"两个取值；消费者的购买决策只有"买"或者"不买"两个取值；病人的癌症诊断只有"得癌症"或者"不得癌症"两个取值。大家还可以给出很多0-1型数据的例子来。碰到这种数据，线性回归就不起作用了，因为 Y 不是连续型数据。此时需要的是回归分析第二式：0-1回归。0-1回归主要研究0-1型因变量的不确定性问题。具体到不同的 f 设定，可以产生出很多不同的模型形式，最常见的有 Logit 模型和 Probit 模型两种回归模型。虽然这是两个不同的理论模型（因为有不同的 f 设定），但实际经验表明，实际数据分析效果大同小异。具体的技术细节不再赘述，大家可以通过参阅广义线性回归的教材获得。

接下来，主要讨论 0－1 回归相关的重要应用场景。

首先看互联网征信。征信是指对某个体的信誉做评估。那么什么是信誉呢？信誉就是如果我借钱给你，你按时还钱的概率有多大。概率是一个看不见的参数，只能通过数据估算。具体而言，定义因变量为一个借款人是否会还钱，这就是一个 0－1 型数据。而 0－1 回归的主要使命就是评价该借款人未来还钱的可能性，是一个介于 0～1 之间的概率。如果产品经理愿意，可以把这个概率经过一定的单调变换，变成一个具体的征信得分。

其次看一个例子：网上购物，比如淘宝、京东、天猫，等等。每一次登录自己的账户，是不是总能看到一些被推荐的商品。这些商品是根据你点击或者购买该商品的可能性推荐的。而可能性是以你的点击或者购买行为为因变量（0－1 型数据），通过某种 0－1 回归的方法估算出来的，这背后也是一个 0－1 回归的问题。

最后，再分享一个有趣的例子。现在社交网络特别火，脸书、推特、QQ、微信、微博、陌陌等。对于社交平台而言，帮助用户发现好友、建立丰富紧密的好友关系非常重要。为此，几乎所有的社交平台都有"推荐好友"这个功能，这其实是根据人们之间能够建立关注关系的概率大小推荐出来的。那么概率大小是如何估算出来的呢？是以每对用户是否互相关注（可以是对称，也可以是非对称的）为因变量（0-1型数据），通过某种0-1回归分析出来的。因此，这还是一个0-1回归问题。

回归分析第三式：定序回归

定序回归指的是因变量 Y 是定序数据的回归分析。定序数据就是关乎顺序的数据，但是数据本身并没有具体的数值意义。例如，本公司生产一款新的矿泉水，叫"狗熊山泉"，我想知道消费者对它的喜好程度。因此，我决定请人来品尝之后进行打分：1表示非常不喜欢，2表示有点不喜欢，3表示一般，4表示有点喜欢，5表示非常喜欢，这就是人们关心的因变量。这种常见的数据有什么特点呢？第一、它没有具体的数值意义，不能做任何代数运算（例如：加法），不能说"1"（很不喜欢）加上"2"（有点不喜欢）居然等于"3"（一般），这显然不对。第二，它的顺序很重要，例如："1"（很不喜欢）一定要排在"2"（有点不喜欢）的前面，而"2"（有点不喜欢）必须要排在"3"（一般）的前面。这也是为什么人们管它叫做"定序数据"。定序数据没有具体的数值意义是因为人们无法说明"2"（有点不喜欢）和"1"（很不喜欢）之间的差距，在某种刻度上，恰好等于"5"（超级喜欢）和"4"（有点喜欢）之间的差距，这也基本不可能！既然没有具体的数值意义，那么我们把很不喜欢记录为 $Y=1$，还是 $Y=1.5$，还是 $Y=-3$，都无所谓。同样地，如何记录有点不喜欢也随意。但是，不能破坏顺序，只要不破坏顺序，怎么记录都可以，这就是定序数据的核心要义。定序回归常见的应用场景是消费者调查，请大家表达自己的偏好。在线下，这就是最普通的市场调研；在线上，就可能是豆瓣上人们对一部电影的打分评级；在医学应用中，有些重要的与心理相关的疾病（例如：抑郁症）也会涉及定序数据。这就是回归分析第三式：定序回归。

回归分析第四式：计数回归

计数回归指的是因变量是计数数据的回归分析。计数数据就是数数的数据，例如，谁家有几个孩子，养了几条狗。既然是数数，它就必须是非负的整数，不能是负数，也不能是小数。客户关系管理中，有一个经典的 RFM 模型，其中 F 就是 frequency，指的是一定时间内客户到访的次数，可以是 0 次、1 次、2 次、多次，但不能是 -2 次，更不能是 2.3 次。计数数据

还出现在医学研究中，例如，一个癌症病人体内肿瘤的个数：0
个、1个、2个或者多个。计数数据还出现在社会研究中，例
如，一对夫妻养育孩子的个数，可以是0个、1个、2个或者多
个，但不能是−2个，也不能是0.7个。

需要注意的是，如果采用计数回归，因变量Y（计数数据）
取值不能太大。例如，前面提到的家里养几个孩子、几条狗，
这都是典型的"不太大"的计数数据，特别适合计数回归。如
果我们数的是一个城市的人口，可以是十万、百万、千万计，
这严格来讲也是计数数据。不过，这类数据的变化太丰富了，
从几万到几千万都有可能，因此，从实际数据分析的角度看，
这种数据是近似连续的，更适合线性回归。

回归分析第五式：生存回归

生存回归是生存数据回归的简称，生存数据回归指的是因
变量是生存数据的回归分析。生存数据就是刻画一个现象或个

体存续生存了多久，俗称生存时间。因此，关于生存数据，要清晰定义两点：一是"出生"；二是"死亡"。以人的自然出生为"出生"，自然死亡为"死亡"，就定义了一个人的寿命。如果以一个电子产品（例如：灯泡）第一次使用为"出生"，最后报废为"死亡"，就定义了产品的使用寿命。如果以一个消费者的注册为"出生"，流失为"死亡"，就定义了一个消费者的生命周期。如果以一个企业的工商注册为"出生"，破产注销为"死亡"，就定义了企业的生命周期。由此可见，生存数据无处不在。要分析这种数据，就需要回归分析第五式：生存回归。

细心的读者也许会问，生存数据看起来就是连续型数据，为什么不能用线性回归研究呢？这是一个非常好的问题。如果生存数据真是一个普通的连续型数据，当然可以用线性回归的方法研究。但是，生存数据不是一个普通的连续型数据，它是一种非常特殊的、被截断（censored）的连续型数据。

以临床医学研究为例，以某种癌症病人的确诊为"出生"，去世为"死亡"，定义了该癌症病人的生存时间。这本来是一个普通的连续型数据，但为了获得这个数据，研究人员需要从确诊开始跟踪病人直至死亡。另外，任何医学研究都有时间限制，研究人员不能无限期跟踪所有病人。假设本研究的时间上限是3年，研究时间结束，如果所有病人都已经去世，那么就可以知道所有病人的准确生存时间，进而产生的生存数据就变成了普通的连续型数据，不需要生存分析的技巧。但在实际研究中，当3年期结束时，还有不少病人健在。对于这部分病人，他们的准确生存时间当时是不清楚的。关于他们，当时获得了两个重要信息：一是该病人已经存活3年；二是目前还健在。因此，这部分病人未来准确的生存时间一定比3年大，但是大多少，人们并不清楚，那么数据上如何表达呢？人们巧妙地把这两个信息整合在一起，形成一个数学符号："3＋"。其中"3"表示该病人从癌症确诊到研究结束已经存活3年，"＋"表示到研究结束该病人还健在。因此，这不是一个普通的连续型数据，而是一种非常特殊的、被右截断（right censored）的连续型数据。所以，普通的线性回归模型不能直接套用在这里，而需要一套独特的生存回归方法研究此类数据。

第五章/*Chapter Five*

因变量与业务诉求

数据要产生价值首先需要理解业务。因此，数据分析的第一步不是分析数据，而是分析业务，把一个具体的业务问题抽象成一个关于 Y 和 X 的数据可分析问题。其中，确定因变量 Y 尤为重要，因为 Y 描述了业务的核心诉求。

确定业务的核心诉求

Y，称为因变量，英文单词为 response，也叫做 dependent variable，这是从统计学技术的角度讲的。从业务角度看，Y 是业务的核心诉求。如果 Y 定义准确，后续的数据分析就会瞄准业务的核心诉求，更可能产生商业价值。相反，如果 Y 定义有偏差，那么后续的数据分析就会在错误的方向上越走越远。

定义一个 Y，可能很容易。如果学过数据模型，你更会认为这个事情太简单。因为在传统学习过程中，Y 从来都是老师或者教材上直接给定的，你从来不需要思考这个问题，你会认为一个定义准确的 Y 是理所应当的。今天我们要纠正这个错误的认识，因为定义一个准确的 Y，不仅重要，而且常常是不平凡的。

我有一个朋友在某大型航空公司工作，他的工作是航线运营，工作目标是优化航线运营效率。简单来说，就是在一个特定的时间，两个特定的城市之间，公司是否应该开设一个或者多个航班，机票设定什么价格，安排什么类型的飞机。从理论上讲，任何两个城市之间都是可以开设航线的。但是，如果全部开设需要巨大的运力，这超出了航空公司的能力范畴。即使航空公司有足够运力支持所有的航线，很多航线的运营效益也会非常差。很难想象，两个非常偏僻的小机场之间，如果开一

个直飞航班会有多少乘客，盈利的可能性有多大。所以，这位
朋友的任务就是仔细分析各种数据，然后选择最优的航线、最
优的时间，配给相应的飞行资源，达到提高运营效益的目的。
对于这样一个业务问题，应该如何定义因变量 Y 呢？

　　怀着好奇心，我曾经请教过这位朋友。他告诉我，公司对
航线运营效益的评估标准就是：飞机上每个座位飞行 1 公里产
生的收入。为了方便起见，我们称这个指标为单座飞行效率，
这就是在实际工作中对运营效益的一种定义。这是一个可测量
的指标，便于理解。如果将单座飞行效率定义为 Y，后续的数据
分析就会研究：对于什么样的起点城市、什么样的终点城市，
在什么季节、什么时间，配给什么类型的飞机，从而能产生多
大的单座飞行效率。然后，根据相应的分析结果，配给最优的
航线运力资源组合。但这个分析存在重大缺陷，因为如果只考
虑单座飞行效率，不用分析都知道，商务机的效益最好，那所
有航线都飞商务机好了。航空公司是不会采纳这样的建议的，
因为能坐商务机的乘客数目太少了，相应的收入总量是很小的。
事实上，绝大多数航空公司的主要收入都是普通飞机上的普通
乘客贡献的。因此，仅单座飞行效率一个指标不足以刻画航线
运营效益，显然还需要另外一个 Y 来刻画客运总量（例如：总
乘客飞行里程）。客运总量乘以单座飞行效率，再乘以飞行距
离，就是这个航线的实际收入。所以需要认真思考一下，这里

的业务诉求到底是什么。我们已经看到了三个不同的看起来都合理的 Y：第一个是单座运营效益；第二个是客运总量；第三个是实际收入。到底是哪个？只有企业自己经过认真思考后才能确定。只有确定准确 Y，数据分析才可能产生价值。

我曾经也天真地预期，企业管理者对自己业务的核心诉求应该说得清楚。但事实证明：大多数情况下，客户的诉求自己是说不清楚的。一个数据分析师是否优秀，首先表现在分析业务的能力上，而不是以编程为核心的分析数据能力。一个足够优秀的分析师，应该能够把客户非常模糊的诉求梳理成一个清晰规范的数据可分析问题，从中提炼出一个准确的因变量 Y，进而知道下一步的数据分析。

再讨论一个案例，假设你在一个电商网站负责客户关系管理，运营一个 VIP 会员计划。你为 VIP 会员提供很多福利，例如：会员价格，会员积分，专属客服，甚至有线下活动。你工作兢兢业业，非常努力，等到年底考核，领导说："小王啊，咱们这个 VIP 会员计划执行一年了，效果如何？"这个问题不好回答。因为什么是"效果"，什么是领导心中的那个"效果"，并不清楚，甚至有可能领导自己也说不清楚。如果没有一个尽可能清晰的定义，就没法回答这个看似普通的问题。所以，要回答这个问题，首先要厘清什么是"效果"，而"效果"就是本案例中的因变量 Y。

　　如果现在企业处在关键的扩张期，一方面公司通过各种市场手段获得新客户，另一方面老客户的流失又非常严重。对于现阶段的公司而言，客户关系管理的第一"效果"就是"流失率"。如果是这样，相应的数据分析应该以客户是否流失为因变量 Y，同时采集大量的相关因素做解释性变量 X（例如：性别、年龄、收入、购买习惯等）。其中一定要注意采集一个最重要的 X：是不是 VIP 会员（例如：$X=0$ 表示普通会员；$X=1$ 表示 VIP 会员）。通过回归分析的技术手段可以评价"是不是 VIP 会员"对客户流失的概率是否有显著的影响，如果有，该影响有多大。再进一步，我们还希望知道对于什么样的客户（例如：不同性别、不同年龄、不同职业），VIP 会员的效果好，而什么样的客户效果差。这才能科学、系统、全面地回答"效果"问题。

　　当然，也有可能企业已经进入平稳发展期。在这个阶段，客户数目已经很稳定了，主要运营目标是收入。因此，目前公司最看重的"效果"是"利润"。如果是这样，那么相应的数据分析应该以客户为公司贡献的收入（例如：ARPU① 值）为因变量 Y。跟前面一样，同时还需要采集大量的相关因素做解释性变量 X。其中千万要记住最重要的 X 变量：是不是 VIP 会员。通

---

① 每个用户的平均收入，常用来当作衡量用户价值的重要指标。

过回归分析的技术手段，可以评价"是不是 VIP 会员"对客户收入是否有显著影响，有什么样的影响。如此，才能更好地回答"效果"问题。

最后，再讨论一下本书第三章所提到的车联网案例。最开始，合作伙伴（一家物流企业）提出的业务需求是：能否通过车联网数据改善驾驶员的驾驶行为？让他们的驾驶行为变得更好。问题是：驾驶行为"好"对应的 Y 是什么？长得帅就叫好？穿西装打领带就叫好？显然都不是。到底什么叫"好"，是需要深刻分析的业务问题。这个问题的答案决定了因变量 Y 的选择，决定了后续数据分析的方向。在充分深入沟通后确定了两个 Y。如果一个司机在两个 Y 上的表现都很好，那么这个司机就是真的好。第一个 Y 是交通违章的记录；第二个 Y 是油耗，对此第三章有详细的讨论，这里不再赘述。至此，所有人在业务的核心诉求上达成了高度一致，形成两个非常有意义的而且被各方高度认可的 Y。这奠定了后续深入合作和业务开展的良好基础。

纵横对比两步法

前面的讨论表明，找到一个准确的 Y 是一件很重要但并不简单的事情。有没有可复制的方法论指导我们在实践中尽可能地找到准确的 Y 呢？我分享一个行之有效的方法论：纵横对比两步法。假设要分析的业务问题已经确定，并且业务专家对于具体业务的好坏有一个基本的判断（如果这个前提都没有，那就说明数据分析的时机还不成熟），在这样的前提假设下，可以通过纵横对比两步法，快速找到一些靠谱的 Y。这些 Y 也许不尽完美，但可以为后续的研究改进提供一个不错的起点。

所谓纵横对比两步法，是指这个方法分为以下两个步骤：

第一步是纵向对比。比如业务自己跟自己对比，那么业务怎样才算好？怎样才算差？业务就好比一个小伙子问自己：怎样才能更帅？怎样才算更丑？如果长得更高叫更帅，那么一个可能的 Y 就是身高；长得高还不够，可能还需要有钱，那么就把财富这个 Y 考虑进去；也许还需要高学历，那就把学历这个 Y 考虑进去。通过纵向对比，你可以梳理对业务问题"帅"的认识。通过对比"帅"和"丑"，深刻理解"帅"的内涵，并将其抽象成为可被记录的指标。纵向对比也有一个缺点，那就是常常会产生很多 Y。因为人们对"帅"的理解定义非常丰富，因此会产生多个看起来都合理的 Y。

第二步是横向对比。就是把第一步产生的多个 Y 进行横向对比。需要分析 Y 中哪个是最重要的，或者哪几个是最重要的。留下重要的 Y，剔除不重要的 Y，Y 的个数越少，说明业务价值定义越聚焦，后续分析的准确性就越高，产生价值的可能性也就越大。相反，Y 的个数越多，说明业务价值越混乱，后续分析的盲目性就越大，产生价值的可能性也就越小。

假设帅哥 A 非常高，但是特别穷。这说明他在一个 Y（身高）上表现特别好，另一个 Y（财富）上表现特别差。帅哥 B 恰恰相反，个子非常矮，但是特别富有。请问业务专家（一位想找男朋友的姑娘）：帅哥 A 和 B，各有千秋，相比较而言，到底哪个更帅呢？业务专家的回答有三种可能：一是 A 更帅，因为更看重身高。如果是这样，就可以把财富这个 Y 往后放。二是难以抉择，身高和财富都挺重要。这说明这两个 Y 可能都重要，无法互相替代，在这种情况下，两个 Y 都保留。但是前面讲了，保留太多的 Y 并不是好事。所以，我个人的建议是尽量不要让第二种情况发生。三是都不帅，身高、财富都不是要关心的问题，最关心的是学历。如果是这样，那么学历才是业务真正关心的那个 Y。

前面提到了航空运营的案例，下面具体演示该案例中如何确定合理的 Y。数据分析师一般都不是业务专家，对业务的感受不如一线业务专家深刻。所以，可以采用纵横对比两步法进行分析。第一步，纵向对比。定义航线运营的好坏。决定航线运营好坏的极可能不是单座飞行效益，而是航线收入、利润或者客流量等指标。第二步，横向对比。给定两个不同的航线，一个是收入高（第一个 Y 高），但是利润低（第二个 Y 低）；另一个是收入低（第一个 Y 低），但是利润高（第二个 Y 高）。哪个航线的运营更好呢？这时，业务主管就犹豫了，因为收入高的，都是热点航线、重要航线，是兵家必争之地，保有这样的航线对市场地位极其重要。但是，激烈的竞争往往使得这些航线亏损，需要其他流量小但利润高的航线支持。所以，也许需要两个不同的 Y：一个关乎收入，一个关乎利润。至于单座飞行效益，这不是一个非常重要的 Y。

再来看前面提到的车联网的案例。对方是一家物流企业，业务诉求是改善驾驶员的驾驶行为。第一步，纵向对比。定义驾驶行为的好坏和驾驶员的好坏。假设 Y 是驾驶员的文明礼貌程度。如果每天上班前 30 分钟进行文明礼貌培训，业务主管一定不会同意。业务主管告诉我们，好的驾驶员不给企业添乱。添乱指的是经常违章，被扣分罚款。所以添乱就是违章，那么违章就是第一个重要的 Y。好驾驶员还有什么特征？省钱，成本低。但这不可以通过降低驾驶员工资来实现。业务主管很清楚，驾驶员是一分经验，一分价格，他们的工资一分钱都不能少。

有什么办法能降低成本呢？油费，这个成本比驾驶员工资要高得多。大卡车消耗的汽油（或者柴油）量非常大，每年该物流企业在油耗上的费用高达上亿元。因此，第二个因变量 Y 就是油耗。

第二步，横向对比。两个司机，一个从不违规（第一个 Y 很好），但开车油耗很大（第二个 Y 很差）；另一个经常违规（第一个 Y 很差），但开车油耗很小（第二个 Y 很好）。哪个司机更好？业务主管可能喜欢第二个。因为干司机这一行的，天天在路上跑，虽然违章令人不开心，但可以理解，可是过高油耗并不正常，有可能是司机在偷油或者拉私活，这是诚信问题。当然，不同的业务主管也许是另一个看法。他会认为违章很不好，造成公司总是被批评处罚，影响公司的形象，所以，违章是一个更加重要的 Y。无论哪种情况，都要梳理清楚到底哪个 Y 更重要。

不存在完美定义的 Y

或许你会认为，既然 Y 如此重要，就要小心选取，精益求精，争取定义一个完美的 Y。这种想法是错误的，会将你引向歧路，因为没有任何业务的 Y 是可以完美定义的。

航线运营的案例最后提到有三个 Y 可供选择：一是单座运

营效益；二是客运总量；三是实际收益。假设经过认真讨论，实际收益才是业务的最核心诉求，那么什么样的 Y 才能完美反映收益呢？收入是一个选择，但是没有考虑到运营成本。考虑到运营成本，就需要看利润。但对于一个新开拓的航线，暂时未必有盈利，对这样的航线，要更关注收入。而且无论是收入还是利润，还要考虑短期还是长期，以及多久才算长期。所以，真实世界就是这样，没有任何一个 Y 是可以被完美定义的。要坦然接受 Y 的不完美性，这并不妨碍定义一个合理而有用的 Y。对于航线运营的案例，如果大部分航线都很成熟，收入则不可能再大幅上升，就要考虑利润，毕竟利润才是归属股东的利益。如果今年公司的核心目标是扩大市场，收入才是更重要的。无论哪种情况，都没有完美的 Y，不过都有不错的可以接受的 Y。

再看卡车车联网案例。其中一个被所有人都认可的重要的 Y 是违章。什么是违章？被警察当场抓获的（例如：闯红灯）是违章。被摄像头抓拍的（例如：超速）呢？当然也算。没有被警察现场抓获，也没有被摄像头抓拍，但是被自家的车联网设备记录下来的超速行为呢？事实上，即使一个开车非常谨慎小心的人，也难免在高速上一脚油门下去就超速了。在我看来，这是很正常的，这也就不值得在该业务问题背景下成为"违章"这个因变量记录的内容。当然，你可以有不同的看法。但是，无论是哪种看法，你会发现，关于"违章"这个 Y 没有绝对完美的定义。

再看一个消费金融催生了大量小额贷款公司的案例。小额贷款公司的业务很简单，就是在合理信用评估的前提下，给有小额贷款需求的普通人提供小额信贷支持。双方约定在一定时间内，按照一定利率还本付息。作为借方的小额贷款公司要承受很大的违约风险。因此，任何有规模的小额贷款公司都要对"违约"这个 Y 做非常认真的分析。假设 A 向 B 借了 100 元，约定下周一中午 12 点前连本带息归还 101 元，A 怎么做才叫违约？第一种答案是只要过了下周一中午 12 点还没有还钱，就是违约。如果 B 是非常强势的大银行，问题不大。但是，小额贷款公司在放贷时常常都是无抵押贷款，时刻面临贷方"跑路"的风险。所以，A 还钱稍微延迟一天半天的，是可以允许的，因为 A 毕竟没有"跑路"。在小额贷款公司眼里，A 仍然是一个非常好的优质客户。如果延迟一天半天不算"跑路"、违约，那么到底延迟多久才算"跑路"、违约？各个小额贷款公司都有自己的规定。例如：延迟一周还不还钱，这就算"跑路"、违约了。那么差 1 秒延迟一周的情况，按照 B 的规定不算违约。但是，延迟一周和差 1 秒延迟一周，有本质区别吗？这说明什么？这说明这样定义的 Y，虽然对实际业务很有帮助，但仍然不完美。有可能存在完美定义的 Y 吗？不可能。

再来看客户关系管理的例子，其核心问题是客户流失。如何界定客户流失？假设 A 是联通用户，对联通服务并不满意，那么在什么情况下联通可以认定 A 已经"流失"了？如果 A 去联通营业厅告知：他决定注销其电话号码，停止使用联通的无线通信服务。这是不是"流失"？正常来说，这肯定是"流失"。但假设 A 在销号的瞬间后悔了，其实联通还是挺好的，A 刚销完号又办了一个新的联通电话号码，而且保持跟原来一模一样的套餐服务。如此，A"流失"了吗？显然没有。由此可见，即使是"销号退网"，也不能成为客户"流失"的完美判断标准。一般而言，运营商认为，连续 3 个月不缴费也不使用任何服务的用户，事实上已经"流失"了。如果 3 个月是一个标准，那么比 3 个月差 1 秒，或者比 3 个月多 1 秒呢？这有本质区别吗？因此，这也不是一个完美的标准。深入思考一下，也许客户"流失"本身就是一个伪命题。客户对运营商的选择，一会用这家，一会用那家，一会离开，一会又回来，往复循环。为什么运营商这么关心"流失"呢？其实它关心的是客户的一个状态，一个"不怎么活跃，不怎么跟我玩了"的状态而已。只是这个状态描述起来实在啰嗦，于是决定用一个词"流失"来指代，仅此而已。

事实上，所有的业务问题都不存在完美定义的 Y，因为业务的核心诉求本身就不是绝对清晰定义的。因此，在实际工作中，对于 Y 的定义不能追求完美，而是追求合理，追求对业务有切实的帮助，点到为止。

瞄准真实的业务目标

数据要产生价值，需要一个合理定义的 Y，Y 的定义必须来自真实的业务实践，要瞄准真实的业务目标。

一家消费信贷企业曾组织了一场数据分析竞赛。竞赛的目的，一方面通过竞赛活动，扩大企业知名度，尤其要提高企业在老师和学生心目中的形象，为未来人才招聘与储备做好市场铺垫；另一方面希望通过数据分析竞赛，找到并吸引优秀的数据科学人才来公司工作。为此，企业给出的竞赛题目来自真实的信贷实践。真实的信贷场景是这样的：一位需要短期小额资金周转的潜在客户希望获得一笔小额贷款（例如：2万元）。于是，他通过访问该消费信贷企业网站提交了大量个人信用资质的材料，希望在这些材料的支持下能够获得批准。从回归分析的角度看，该客户提交的所有资料都属于 X 的范畴。无论是信贷员还是征信模型，本质上就是通过分析这些 X 对未来的信贷风险有所判断。为此，需要建立一个回归分析模型。这里的 Y 有两个选择：一是用户申请过程中，审批业务员是否通过；二是通过后的申请，最终是否违约。

　　当时竞赛数据中 Y 的选择是第一种，即 $Y=1$ 表示审批业务员通过，$Y=0$ 表示审批业务员不通过。那么，相应的回归模型学习的就是业务员的决策规律，而不是最后的违约行为。这样做有以下问题：第一，前提假设是审批业务员的决定是绝对合理的。如果审批业务员的决定是稀里糊涂的，或者是非常容易被改进的，那么学习审批业务员决策的意义何在？第二，一个有规模的信贷企业，需要审批的业务量非常大，一个或者几个审批业务员是无法完成这么巨大的工作的。因此，审批业务常常由一个团队来完成，少则几十个审批业务员，多则上百个。这么多审批业务员，他们的评价标准显然不一致，每个人都有自己的标准，这将全部反映到第一个选择所定义的 Y 上。这么多不同的审批标准，到底哪个标准是核心标准，或者更好的标准，不容易说清楚。因此，作为模型，学习到的将是所有审批业务员的平均标准。但平均标准一定不是一个好标准，真正优秀业务员的见解可能被其他审批业务员的数据给平均掉了。不禁要问：学习这样一个平均的审批标准而不是最优秀审批标准的意义何在？

当然，这是一个学术竞赛项目，并不是真正的业务实践。如果把第一种选择带到真实的业务实践，将是非常危险的。真正的业务实践一定要选择第二种 Y。

再看一个例子。在一次课堂上，我请同学们根据自己的兴趣定义一个 0-1 回归分析问题，也就是 Y 的数据类型是 0-1 型数据。有一个同学是足球迷，提出了以下问题：给定中超联赛所有球员本赛季的所有信息（例如：年龄、位置、上场次数、进球数、越位数等），能否对每一个球员给出预测性判断：他是否应该入选国家队？我觉得这是一个非常有趣的问题。体育大数据，尤其是足球大数据，在我国还属于起步阶段，如果能有一个模型对一个球员是否应该进入国家队做出量化判断，这也许对国家队教练组有一定参考意义。难点在于，这个业务问题的 X 容易定义，就是该球员最近一个赛季的所有信息。但 Y 应该是什么？同学说：Y 就是这个队员最近 12 个月是否进过国家队。

如果我是主教练，我决定是否选用一个队员进入国家队的主要考虑是提高球队的整体战斗力。如果能有一个 Y 刻画该球员进入国家队后的战斗力，这就完美了。但是，显然不存在这样的 Y。因此，只能退而求其次。但这并不能说明最近 12 个月

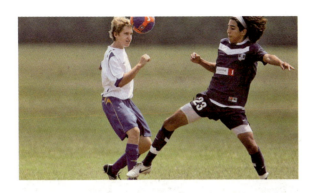

是否进入过国家队是一个合理的替代品。这样定义的 Y，背后有一个隐含的假设：过去 12 个月所产生的国家队队员录用情况是非常合理的，这个假设显然有问题。如果过去 12 个月国家队的战绩并不理想，甚至很糟糕怎么办？这说明过去 12 个月的国家队构成是有问题的。因此，过去 12 个月是否进入过国家队并不能构成对未来的建设性意见。问题出在：我们所定义的 Y（过去 12 个月是否被国家队录取过）并没有瞄准真实的业务目标（提高战斗力）。

瞄准原因而不是结果

在定义 Y 的过程中，人们容易犯的另一个错误是混淆原因和结果。数据分析的最终目标是创造价值，创造价值依赖具体的业务场景，因此业务因变量 Y 要对准业务场景中的核心价值。人们希望通过回归分析的结果改进 Y 的预期，通过改进 Y，进而改善业务。因此，Y 应该是业务的原因，而不是结果。

比如，一家大型商业集团筹建一个新的购物中心，希望在设计理念上有所突破，最终目标是让购物中心变得更"好"。这就是该购物中心的业务问题。为此，经与业务团队的沟通交流了解到，该购物中心的主要收入将来自两个方面：一是入驻商家的租金；二是入驻商家的销售收入分成。如果仅从收入的角度看，租金是一个非常合理的 Y，因为租金是收入中最重要的部分。但注意，这个 Y 很糟糕。因为租金 Y 是由购物中心自己定的，也就是说，购物中心作为业主，对自己所有的商铺资源都有定价权。对于这样的确定性问题，并没有分析的意义。

你也许会说：购物中心可以任意定价，但是市场不一定买单。如果定价过低，一定会有很多商铺排队入驻；如果定价过高，那就无人问津，租不出去。因此，最终的租金应该是一个由市场供求双方博弈的结果。这么说很有道理！问题是：在市场买卖双方的博弈中，什么样的商铺租金可以更高，什么样的又更低呢？一般来说，人流量大的商铺租金更高。购物中心中什么样的地方流量大呢？扶梯旁、中庭附近、动线枢纽等！由此可见，商铺的租金收入是市场博弈的结果，推动这个结果最根本的原因是客流量。因此，一个更加准确、瞄准原因的 Y 应该是客流量。通过对各个店铺客流量的回归分析，可以理解扶梯如何影响客流量，中庭如何影响客流量，动线设计如何影响客流量，等等。在这样的见解支持下，才可能评价未来的新设计是否更"好"。

再看一个物联网的案例。假设有一个重要设备（例如：发射塔、生产线、锅炉）需要常年稳定运行。一旦出现故障，就需要停工重启，将带来不小的生产损失。因此，设备管理人员希望通过数据分析，深入了解可能造成设备故障的原因，改善设备运营维护规范，进而降低设备故障的次数，这是一个业务问题。在这里，多数企业会把 Y 定义为该设备故障的具体时间，希望通过对故障时间的准确预测，提前预警，做好相应的运营或者维护准备。但事实证明，该思路实际效果非常差。为什么？因为该设备非常重要，故障次数很少，因此与故障相关的观测数据非常少，而如此少的数据量所产生的模型预测精度一定是令人失望的。通过与工程师的深入沟通我们发现，该设备故障的主要原因是某些元器件老化，造成关键部件电流过大，形成了持续的高强度工作压力。只有在这样的高电流压力下，设备才有故障的可能。这并不是说电流只要大了设备就会出故障，因为关键部件的抗压能力也很强，它们会在高电流的情况下正常运行很长时间，直到最后阶段才会随机地失效。所以，高电流是产生故障的必要条件，但不是充分条件。因此，只要能够有效监控电流，就可以有效避免设备故障。请注意，这个业务的真正需求是避免设备故障，而不是预测故障时间。最后，整个项目组对这个业务问题的理解达成了高度一致，确定的 Y 是关键部件的电流量，因为电流量才是业务问题的原因所在！

第六章/*Chapter Six*

解释性变量与业务洞见

回归分析，从思想理念的层面讲，就是把业务问题定义为一个关于 Y 和 X 的数据可分析问题。本书第五章对 Y 做了大量的讨论，本章将重点讨论 X。

X 就是业务洞见

X 就是统计学中常讲的"自变量"（independent variable），也叫协变量（covariate），这是从回归分析统计学技术的角度讲。那么从业务的角度讲，X 是什么？是对业务的深刻见解。请注意，由于所有的数据分析都是围绕因变量 Y 展开的，因此，对于 X 的研究分析，也要以业务诉求 Y 为中心。独特而深刻的 X

会极大地提高模型预测精度，进而增加数据价值实现的可能；相反，平庸而无用的 X 只会浪费资源。和确定因变量 Y 一样，确定精确有效的解释性变量 X 也是一项不平凡的工作。

以房价为例。在一个特定的时期（例如现在），一个特定的城市（例如：北京），为什么不同的房产价格不同呢？影响房价的因素很多，比如：建筑品质、房屋朝向等，但最主要的因素就一个：地段。买房买的不是"房"，而是"地段"。越接近市中心，房子越贵；交通越便利，房子越贵；学区越好，房子越贵；医疗越便利，房子越贵；商圈越"高大上"，房子越贵；等等。这都是朴素的生活经验，但这些因素到底靠不靠谱并不清楚，而至于如何把这些因素综合成为一个预测评估模型就更复杂了。由此，就成了一个具体的业务问题：房价评估。将这个问题定义成回归分析问题，需要先确定 Y，即价格，可以用每平方米的售价来表示。接着确定 X，可能包含多个因素，首要的是"地段"。那么如何界定地段？应该用什么指标来刻画呢？

首先，地段越靠近市中心，房价越高。因此，第一类关于地段的 X 变量应该是该地段到市中心的距离。对于目前的北京而言，市中心可以设定为天安门广场。对于一个地段到市中心的距离的度量，先看一个粗糙的方法。因为北京城被几个环线围绕，因此，可以把不同的地段简单分类，从市中心向外依次是：二环以内，二环到三环，三环到四环，四环到五环，五环到六环，以及六环以外。这就是一个具体的 X 了。过去的经验表明，这个 X 变量相当不错，跟房价 Y 强相关。

除了环线位置以外，还有没有可以用于度量距离市中心远近的指标呢？可以借助手机上的地图软件。给定天安门广场的坐标以及房产所在的地段坐标拉一个直线距离，就有了一个新的 X 变量。这个 X 变量越小，说明该地段距离市中心越近。你也许会问，为什么是直线距离？从北京城一个地方到另一个地方，不可能走直线，所以，更合理的指标也许是从房产所在地段到天安门广场规划一条自驾路线，度量这个路线的距离长短，就得到了另一个可以描述距离市中心远近的 X。还可以继续追问：为什么是自驾？还可以考虑公交。公交路线可以考虑地面上的公共汽车，也可以综合考虑地铁、轻轨等其他交通方式。所以，认真思考一下，我们讨论的"距离"到底是什么？真是物理空间上的位移吗？恐怕不是。我认为真正的"距离"是时间。如果能 1 分钟到达火星，我不介意在火星居住而在地球上班。但是，要花 1 个小时才能从五道口抵达北京大学东门，这会让我很介意。如果是这样，那么从房产地段规划一条路线到天安门广场，需要消耗的时间也是值得考虑的 X。这仅考虑了"距离市中心的距离"这一个因素，就衍生出这么多有趣的、值得研究的 X 变量。不同的 X 变量从不同的侧面反映了我们对房价评估这个业务问题的不同见解。

其次，交通便利程度也很重要。但是，交通便利程度是一个抽象的概念，需要被具体成一系列 X 指标。比如，房产地段 1 公里范围内有多少条普通公交线路（第一个 X），有多少条地铁线路（第二个 X），有多少条快速公交线路（第三个 X）。自驾的朋友会非常关心交通拥堵的情况，交通拥堵这个抽象的概念又该如何被指标化呢？也许可以考虑房产地段方圆 1 公里内拥堵时间的占比，或者考虑早晚高峰期的平均车速，这又是两个不同的 X。

再次，还要考虑医疗服务的便利程度。家有老人的朋友会非常关心房产附近医疗服务的便利程度。但是，医疗服务的便利程度又是一个抽象的概念，应该如何刻画呢？可以考虑几公里范围内有多少家三甲医院（第一个 X），有多少家专科医院（第二个 X），有多少家社区诊所（第三个 X）。这里主要考虑的是医疗服务在距离上的便利程度。但是，即使家门口有一家非常优秀的医院，可是挂号非常困难，候诊时间过长，这也算不上便利。从这个角度看，也许还应该考虑挂号的难易程度，这又是一个 X；或者考虑平均的候诊时长，这仍然是一个 X。

最后，还可以考虑商业便利程度。比如，方圆几公里内有多少家大型购物中心（第一个 X），有多少家大超市（第二个 X），有多少家便利店（第三个 X），有多少家美食餐厅（第四个 X）。还有学区因素。众所周知，学区房非常昂贵，但是，学区房需要什么因素来刻画呢？这个房产地段对应的幼儿园是哪家，什么资质（第一个 X）；小学是哪家，什么资质（第二个 X）；初中是哪家，什么资质（第三个 X）；高中又是哪家，什么资质（第四个 X）；等等。

对房价这样一个大家都熟悉的问题，每个人都懂地段决定房价的道理，却很少有人能量化地段对房价的影响。这里的挑战之处在于"地段"是一个抽象概念，而寻找 X 的过程，就是把这个抽象概念具体化成可落地的 X 指标的过程。到此为止，商品房价格评估这个业务问题就基本上被规范成了一个回归分析问题。从这个位置开始，标准的回归分析模型和机器学习算法就可以直接应用了。

产生 X 的过程，其实就是梳理我们对业务问题深刻见解的过程。我们对业务问题的理解深度决定了产生 X 变量的精确程度。

X 决定竞争优势

产生 X 的过程本质上就是对业务深刻分析的过程。对业务分析得越深刻，能够提出的 X 变量就越多，最后生成的模型就越精准，产生的商业价值也就越大。如果对业务的分析极其深刻，以至于找到了独特的、竞争对手想不到甚至难以获得的 X，你就会因此获得更好的预测精度。而更好的预测精度常常代表着市场竞争优势。因此，寻找 X 的过程，不仅是一个业务深刻分析的过程，更是一个为业务确定相对竞争优势的过程。为了说明这个问题，我们来探讨几个案例。

在前面的章节中，我们反复谈到车联网。所谓车联网技术就是汽车互联网技术。对这个技术特别感兴趣的行业应该是保险，更具体来说是车险。

有车的朋友都知道，有车就要买车险。未上车险就开车，在绝大多数国家和地区都是非法的。但是，车险的价格是怎样确定的呢？其实就是根据驾驶员的风险确定的。高风险，高价格；低风险，低价格。驾驶员的风险又是如何评估出来的呢？就是通过回归分析，以一定时间内是否出险或者出险后的赔付金额 Y，通过各种 X 回归分析得出。这似乎是一个非常传统的业务，跟车联网这种新兴的互联网技术没什么关系。这让我想起十几年前我刚刚回国时，国内的车险定价执行的是统一费用原则，也就是说，只要是同一款车型，不管你去年出险多少次，今年的保费都是一样的。这样一个定价策略就像一个没有考虑任何 X 指标的回归分析一样。这个定价策略对于驾驶认真小心的司机非常不公平，后来做了一些修改，变成了现在的样子。现在的车险费率主要看你去年出了多少次险，出得多，价格就高；出得少，价格就低。这个定价策略只考虑了一个 X 变量，就是出险次数，显然也不是非常全面。没有考虑像性别、年龄、驾龄等众多因素。如果车险一直是这样定价的，显然跟车联网没有太多关系。

我们把目光移向北美市场，它们的车险定价要复杂得多。北美市场的车险（保险）公司会要求你填写一份长长的问卷，包括性别、年龄、教育程度、婚姻状况、驾龄、工作信息等。这其实是在采集丰富的 X。这么做可以获得更好的关于司机未来是否出险（这个重要的 Y）的预测。而更精确的预测意味着同其他车险公司相比更有竞争优势。我刚到美国留学时，在威斯康星大学麦迪逊分校读研究生，那时我特别渴望拥有一辆车，但是钱不够，为此还找朋友借了几百美元，凑上自己的积蓄，买了人生中的第一辆汽车。这个车的型号我还记得，是福特Temple。不过，这个车型据说在市场上并不太受欢迎，好像已经停产了。我买车险时也填写了长长的问卷，其中，几乎所有的关键问题（X 变量）都对我不利。例如：我是男性，而美国车险模型认为女性开车更加安全，这跟国内大家认为女性是马路杀手的印象很不一样。当时我 21 岁，而美国车险模型认为 25 岁是一个重要的标志，25 岁以下的人不靠谱。还有，当时我未婚，美国车险模型认为结婚的人有更强的家庭责任心，因此开车更安全。最糟糕的是，在国内我不会开车，到了美国才学的驾驶，因此买车时驾龄几乎是 0。所有这些因素加在一起，就决定了保费一定是非常贵的。但是，我是穷学生，车险保费太贵买不起，于是我没有买全险，只买了责任保险。也就是说，万一出现责任在我的事故，保险公司将只赔付对方。

我买车险的故事似乎仍然和车联网技术没有什么关系。但是，在填写问卷过程中我发现了一个有趣的问题，问卷里会问从你的住所到工作场所距离大概是多远。这显然是一个 X 变量。保险公司认为，每周正常有 5 天在上班，这 5 天中，每天要从住所到办公场所开车走一个来回。通勤距离越远，暴露在汽车事故中的风险也就越大。这个逻辑有一定的道理。但是，假设有两个不同的司机：老张和老李，他们每人从住所到公司的距离都是 10 公里。这两个 10 公里一样吗？很可能不一样。老张的 10 公里可能是在大草原上开车，路面平坦，一望无际，没有任何障碍物。而老李每天经过的路段如同"宇宙中心"北京五道口一样人多、路况复杂，只得双手紧握方向盘，目视前方，不玩手机，不听音乐，服从交通信号灯。但不幸的是碰上一个红灯，正在认真等着变灯，突然"咣当"一声，一个小黄车把老李的车给蹭了。老李正在心疼，担心又掉漆了，又"咣当"一声，小桔车又蹭了一下。老李非常生气，"咣当"又是一声，发现快递小三轮碰到他的爱车了。这是一个虚构的搞笑故事，说明一个道理，此 10 公里，彼 10 公里，是不一样的，承受的风险各不相同，应该支付不同的保费。这个道理很简单，保险公司显然都知道，但为什么保险公司没有这样做呢？因为当时没有车联网设备，无法采集数据来区分道路情况。而现在车联网技术成熟了，就可以采集这样的数据。在车联网数据的帮助下，我们很容易区分老王和老李通勤路径的不同，再根据历史数据测算出不同路径的风险暴露程度，并从中生成有效的 X 变量来区分量化老王和老李的不同风险。

因此，如果把车联网数据看作一大类 X，那么拥有这些 X 的车险公司相对于传统的没有这些 X 的竞争对手，就有了相对竞争优势。它的相对竞争优势来自对车险更加精准的预测，借此以更低的价格吸引优质客户，而用更高的价格驱赶劣质客户。这就是为什么几乎所有的车险企业都在积极关注车联网技术的发展，因为车联网技术所带来的新 X 意味着相对竞争优势。

再分享一个关于互联网征信的案例。我国大多数普通公民在中国人民银行是没有征信报告的。为了改善该状况，由中国互联网金融协会牵头，联合八家有影响力的企业成立了"百行征信"，也称为"信联"。百行征信的成立对于改善我国普通公民的信用状况有巨大帮助，但是距离彻底解决相关问题估计还需要很长时间。而且即使有了征信报告，对传统银行来说，大多数普通公民仍然属于信贷高风险人群。那么这个人群有很高的信贷需求时怎么办呢？这就催生了很多消费金融公司去满足他们的需求。但是，优质的客户群体都被传统银行瓜分了，留给消费金融公司的基本都是高风险人群，信贷风险巨大。在实际业务操作过程中，消费金融企业必须要对信贷风险做出评估。风险过高的个体直接拒绝；风险很低的个体直接通过；风险中间的个体可以考虑，但是需要一个更好的利率回报。这就产生了对个人信用评估的巨大需求。

在这个业务场景下，核心的因变量 Y 为是否违约。假设 Y 已经定义清晰，接下来就是寻找 X 的过程。不同的消费金融企业或征信企业根据自己资源禀赋的不同可以获得不同的 X，建立不同的市场地位。像 "BAT" 这样的互联网企业常常有非常多的装机容量巨大的 APP，这些 APP 如果得到用户授权，可以获得用户很多的相关数据，从中提炼各种 X 变量。这样的覆盖面非常广，动则几亿用户，因此，基于这样的 X 产生的征信模型适用面广，但是其金融属性不高。而像传统银行或者银联这样的企业，它们拥有大量真实的消费数据，其中不仅有消费金额，甚至还有消费地点、商家、场景，金融属性很强。除此之外，还有别的 X 数据可用吗？运营商的数据、社交网络数据、位置轨迹数据、中航信的机票数据等都可以用吗？这都是消费金融企业的风控负责人思考的大问题，每天都要琢磨有没有独特的 X 数据源可以为我所用，而且最好是竞争对手所不具备的，因为独特而准确的 X 数据就是相对竞争优势。

运营实践产生 X

在实际工作中，X 数据的来源有很多途径，其中一个特别重要但常被忽略的途径是运营实践。真实的运营实践如果可以通过数据被电子化记录下来，这些数据将是一个极其丰富的 X 源泉。

以 4S 店为例。汽车 4S 店靠什么赚钱呢？卖车？其实不完全是这样。几十年前 4S 店刚刚兴起时，其主要收入确实是卖车。但现在，4S 店的收入结构发生了很大变化。卖车所产生的收入基本上被主机厂（车厂）拿走了，留给 4S 店的所剩无几。现在 4S 店的收入靠的是服务和金融。所谓服务指的是保养（比如行驶 6 个月后更换三滤）、维修（比如车子刮蹭后的喷漆）和美容（比如贴膜、汽车 SPA 等）；所谓金融指的是跟汽车相关的金融服务，主要是车贷以及车险。

值得一提的是，车险是 4S 店一个非常重要的收入。作为车险的一个重要销售渠道，4S 店会从保险公司获得丰厚的佣金。此时，数据分析的一个业务目标就是：理解具有什么样消费特征的人未来更有可能购买车险。因此，该问题的 Y 就是客户下一年是否在 4S 店购买车险，$Y=1$ 表示购买，$Y=0$ 表示不购买。然后，需要一些精准而有效的 X 去描述车险客户的不同特征。为此可以考虑性别、年龄、车龄、驾龄、驾驶习惯等众多因素。这些因素中需要特别留心：当年客户是否从本 4S 店购买了车险，$X=1$ 表示是，$X=0$ 表示否。很显然，预期当年在本 4S 店购买车险的客户，应该会以很大的概率明年继续在本 4S 店购买。因此，从数据分析中应该能够看到一个很强的惯性效应，这是我们的预期。

但是，当数据分析结果出来时却发现，这个关于客户当年是否在本 4S 店购买车险的 X 变量并不显著。通过请教一线的业务人员我们了解到，车险是一个非常标准的商业产品，主要来自三家保险公司：人保、平安以及太保。这些车险产品本质上并不来自 4S 店，是一个高度同质化的产品，从客户的角度而言，在哪里买都是一样的，没有太多区别。如果一定有区别，也就是不同销售渠道（例如 4S 店销售、电话销售、网络销售等）打折促销的力度不同。因此，一个理智消费者的行为是哪里便宜去哪里买。业务人员因此形成了一个经验，只要自家 4S 店有优惠活动，客户就来了，保险销售额就上去了，优惠活动一旦停止销售收入就下降了。因此，优惠活动是影响车险销售的主要因素，跟该客户的历史行为关系不大。这说明我们寻找 X 的方向错了，正确的方向不是客户历史行为，而是该 4S 店的运营行为（优惠活动）。但遗憾的是，这些优惠活动，这些宝贵的 X 变量，并没有被记录下来。

如果把客户看作小白鼠，把不同的优惠促销方案看作不同的实验手段，我们希望把小白鼠养成大白鼠，为此，给小白鼠实施了不同的实验手段，例如：打针吃药等。最后的结果是有的小白鼠死了，而有的小白鼠真的长成了大白鼠。这时应该做的是，总结分析应该对什么样的小白鼠打什么针、吃什么药，它们才能长成大白鼠。这样的分析结果对于未来的经营管理意义重大，但问题在于打针吃药历史数据未被记录。

在实际项目经验中，不沉淀留存 X 变量是一个非常普遍的现象。即使在银行、通信运营商、互联网这些数据丰富的企业中，这个问题也非常普遍。其背后的原因也许有数据整理的成本问题，但更多是理念问题，是管理团队、技术团队和产品团队缺乏回归分析思维，无法从回归分析的角度去理解各种运营动作，并洞察这些动作的 X 变量本质。后果就是失去了研究同业务的核心诉求 Y 之间相关关系的宝贵机会，令人痛心！

制度设计保障 X

前面提到，运营实践产生 X，但这些 X 并不容易采集。其主要原因是运营实践主要由业务人员负责，而他们缺乏数据思维和对 X 数据沉淀整理的理念，也缺乏相应的方法论和技术手段。这就造成了一个现象：寻找独特有效的 X 是一个相对被动的过程。在这个过程中，假设已经有一个有效的 X 亟待数据分析师去发掘，数据分析师为了发现它，需要脑洞大开和天时地利的各种条件。这太难了！有没有更加主动、制度化的流程能够从运营实践第一线源源不断地返回高质量的 X 变量呢？这是本节要讨论的内容。

假设你是一个部门主管，管理上百人的电话销售团队，工作职责主要是通过打电话、发短信来促成交易。作为普通消费者，大部分人都讨厌骚扰电话和短信。但是，电话销售这个行业却长期存在，说明其可能确实有效，能够产生可观的销售收入。干过这行的朋友都知道这项工作非常辛苦，每天至少打上百个电话，面对大量的残酷拒绝，内心要无比强大才能面对这样枯燥的工作并坚持下去。坚持的结果大概是每 100 个电话里能有 1～2 个成单，也就是说，从电话到交易的转化率是 1%～2%。如果通过数据分析能够提高转化率，即使提高 1 个百分点也是非常显著的，这就是你关注的核心业务问题。那么接下来怎么办呢？

接下来，就可以成立一个数据分析部门，对海量的销售线索以及过往的呼叫记录进行分析，希望能够找到规律，提高整个电销团队的转化率。数据分析团队具备非常优秀的数据思维，很快把这个业务问题准确地表达成了一个回归分析问题。其中 Y 就是每个呼出电话是否达成交易，达成记录 $Y=1$，否则就记录 $Y=0$。但是，X 是什么呢？如果找不到独特而有效的 X，想改进电话转化率就无从谈起。如何寻找独特而有效的 X 呢？

大多数数据分析团队选择待在办公室里开会讨论，开会主要是进行头脑风暴，讨论什么样的 X 可能对 Y 有影响。有人说女生说话甜美，转化率更高，因此性别很重要，暂定这是 X_1。也有人说有的电销人员带着强烈的家乡口音，普通话不标准，影响了转化率。如果这是对的，那么普通话能力就是 X_2。还有人说有的电销人员缺乏基本的文明礼貌，素质不高，影响了转化率。如果这是对的，那么文明礼貌程度就是 X_3。还有人说打电话的时间很重要，这就是 X_4。总而言之，大家基于长期的工作积累将很多业务见解规范成 X 变量。除了头脑风暴外，大家还会做的事情是查找资料，包括到网上寻找各种相关的文章、文献、报道，尝试从各种学术、非学术的公开资料中得到启发。假设有人查到某企业号称它能用一个神奇的脑部扫描仪器了解电销人员当天的情绪，或者某学者在顶级期刊上发表了一篇文章，上面提到某种方法可以提高电销转化率。诸如此类，大家都在拼命查找研究，研究回归分析、机器学习、深度学习、人工智能，等等，忙得不亦乐乎！

真实的工作中，人们就是这样寻找 X 的，尤其是在项目刚开始都没有经验的时候，这些方法能够帮助我们快速获得一些靠谱的 X 变量。但缺点是，其中出现独特 X 的机会非常小。因为待在办公室里能想出来的 X，竞争对手也能想到。这些方法是重要的标准化套路，是及格线。没有标准化套路也不行，否

则无法获得基础的 X 变量。但是，通过这些方法，并不能获得独特而精准的 X，因此这些方法不可能优秀！

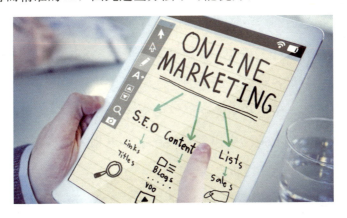

　　如何才能获得独特的 X 呢？通过业务实践。只有怀着对业务无限敬畏的谦卑之心，深刻仔细地观察业务，才有可能获得独特而精准的 X。仔细观察不是领导强压的结果，比如，领导训话："大家一定要努力，一定要深刻仔细地观察业务，不深刻，不仔细，没有独特的 X。"摄于领导权威，大数据分析团队会睁大眼睛，频频点头。但对什么是深刻地观察业务依然毫无头绪。换一种方式，领导训话："兄弟们，咱们的电销转化预测模型遇到了瓶颈。如果还需要进一步提升，必须有独特的 X。独特的 X 在哪里？在一线业务员的脑袋里，在一线业务战场上。不入虎穴，焉得虎子？所以，以后每个月会选两位同事深入电销第一线，跟电销一线员工奋斗在一起。第一，接受电销训练，了解电销经理是如何安排时间、战术、技术、话术的。他之所以这样安排，是因为他认为这样做会产生最好的电销转化率。但效果如何，需要全程体验，希望形成相应的 X 和分析方案。第二，接受训练后，每天利用半天时间完成普通电销人员一半的工作量，即打 50 个电话。通过实战体会一线电销人员的辛苦，也才能体会到各种客户的难缠，进而获得普通数据分析师没有的业务经验，希望从中能够提炼出独特的 X。第三，利用剩下的半天时间研究业绩突出和业绩垫底的电销人员的技巧差异，从而确定是否能获得新的 X。"

通过轮岗，数据分析师能获得以下成果：第一，与一线电销团队建立工作友谊，在电销人员眼中数据分析师也不再是高高在上的大数据专家。第二，在数据分析团队内部，轮岗人员成了绝对的业务专家，理解掌握了来自业务第一线最准确的业务反馈。因此，这位数据分析师能够寻找到独特 X 的机会就会陡然增加。这种能力的获得，不是靠心灵鸡汤的鼓舞，也不是靠个人的勤奋努力，而是靠合理的制度设计，从而让整个数据分析团队都获得这个能力。

同样的方法曾被用在一家互联网广告公司的合作伙伴身上。公司 A 承接了大量的互联网广告投放业务，为此公司 A 聘用了一个庞大的广告投放手团队。一个优秀的广告投放手有可能一天就要对几十万元的广告预算负责，其中多少预算用于搜索营销，多少用于社交媒体，多少用于门户网站，这都是他要操心的。而支持他们的是数据分析团队。很长一段时间，数据分析团队的工作并不被认可，他们被看作高高在上的大数据专家，华而不实。因为数据分析团队所提供的分析支持对广告投放手的帮助不大，甚至被认为添乱。但是，所有的广告投放手又迫切需要靠谱的数据分析，否则每天大量的广告预算无法科学投放。

在真实的企业工作中，这是一个非常典型的问题，这个问题反映的是业务团队与数据分析团队的不协调。本来两个团队应该是亲密无间的好伙伴，但是互相发现对方讲的是自己听不懂的语言，无法沟通，具体而言就是数据分析团队对业务的无知，以及业务团队对数据思维的缺乏。为了彻底改变这个问题，数据分析团队直接将自己的分析师派去给广告投放手轮岗当助理。通过这个机会，让分析师向广告投放手直接学习业务知识，同时让广告投放手直接学习数据思维。专业数据分析师在广告投放手的指挥下，能够提供的支持服务（例如：R 语言编程）比以前的普通助理（只会用 Excel）专业很多。同时，数据分析师也获得了成就感，因为广告投放手开始认可他的数据分析工作。通过长期的轮岗制度，两个团队互相支持，一起确认了很多独特的业务需求。根据这些需求整理出大量宝贵的 X 指标，基于这些 X 指标所建立的模型被用在广告投放的各个业务场景，获得了极大的成功！

预测精度与产品设计

预测不准是常态

回归分析本质上是把一个抽象的、带有不确定性的业务问题定义成关于 Y 和 X 的数据可分析问题。在问题定义清楚后，通过各种技术方法（例如：线性回归、机器学习、深度学习等），使用现实可获得的数据来估计出 Y 和 X 的相关关系，并利用该相关性对 Y 做预测。

人们希望预测越准越好，对预测精度的贪婪是永无止境的！然而现实中，绝大多数模型预测都不会特别准。正所谓，预测不准是常态，预测准确是变态！如果一个模型预测过度准确，通常说明这个模型在某个地方弄错了，这个错误不一定是技术上的（例如：数据错了或者估计方法错了），而可能是这个模型的定义本身就是错误的。举例来说，有人用当期的股市指数预测同期股票价格，这个所谓的预测精度当然很高，但是，当期预测同期，这还是预测吗？从另一个角度理解，不确定性才是数据价值创造的源泉。如果对一个业务问题可以准确预测，那么还有值得进一步研究的地方吗？前文已分析过，几乎所有的不确定性问题都由两部分组成：一是无知；二是无奈。其中，对应于无奈这部分的不确定性，人们永远无法准确预测。因此，预测不准才是常态。

为了更深刻地理解"预测不准是常态"，我们需要对不确定性和随机性进行更深入的讨论。前文提到过，如果对某个特定事件，一个特定的个体无法绝对准确地预测其结果，那么这个事件对该个体而言是一个不确定性事件，简称"不确定性事件"。相反，如果对某个特定事件，一个特定的个体能够做到绝对准确预测其结果，那么这个事件对该个体而言是一个确定性事件，简称"确定性事件"。由此可见，一个事件的不确定性与否具有很强的指向性。同一事件对个体 A 可能是不确定性事件，但是对于个体 B 却可能是确定性事件。与之相应，什么是随机事件？如果一个事件对于任何个体都不可能被完全精确预测，那么这个事件就是一个随机事件或者说这个事件具有随机性。与不确定性的定义相比，随机性的定义要严苛得多。所以，在真实世界中，不确定性事件比比皆是，而纯粹的随机事件则相对要少。

既然纯粹的随机事件相对要少，我们为什么还要研究它呢？为什么不直接研究更加广泛存在的不确定性事件呢？其原因很简单，对不确定性事件做精确的数学表达太难了，几乎不可能，而随机事件的数学表达却有非常成熟的理论：概率论。因此，用随机事件去抽象、简化、近似一个不确定性事件能够带来数学上极大的便利，为后续的进一步研究提供了可能。

再来看老王、老李猜花生米这个虚构的故事。老王特别想猜中老李手中的花生米，但遗憾的是，老李手里有没有花生米，这对老王而言是个不确定性事件。为了提高猜中的可能性，老王希望通过一定的数学公式来精确描述这个现象，希望达到绝对准确的预测。但老李老奸巨猾、心思缜密。为了能够描述老李的不确定性行为，老王绞尽脑汁读完了数学博士、统计学博士、计算机博士，甚至还学习了医学、心理学、哲学，但还是无法精确描述出来，因为人心难测！

当老王要放弃时，他突然想起回归分析中的"回归五式"，其中第二式 0-1 回归模型似乎可以用来研究老李的出拳行为。老李的内心是难以捉摸的，但他的行为可以看作一个随机事件，可以用 0-1 回归模型来表达。需要注意的是，老李的出拳行为对老王来说是一个不确定性事件，但对老李自己是确定性的。

如果老王将老李的出拳行为看作随机事件，事实上已经做了假设，即老李对自己的出拳结果也是未知的，显然这是一个严重失真、不切实际的假设。但该假设带来了数学上的极大便利，使得老李的出拳行为可以通过回归模型研究分析。于是老王定义一个因变量 Y，如果老李手里有花生米，$Y=1$，否则 $Y=0$。先不考虑任何 X 变量，那么 Y 就服从标准的 $0-1$ 分布。Y 取值为 1 的概率为 P，取值为 0 的概率为 $1-P$。这样老王就把老李手中是否有花生米这个不确定事件简化成了随机事件，而该随机事件可以用随机变量 Y 来表达。

接下来老王需要寻找 X 变量。例如，过去的经验表明，老李手中有花生米时经常皱眉，皱眉次数越多，有花生米的可能性就越大。但具体皱眉次数，对应于有花生米的可能性，其关系不甚明了。不过，这个事件在模型的帮助下变简单了，老王可以把老李的皱眉次数记录下来，形成一个非常有价值的 X 变量。然后比对研究老李皱眉的次数和老李手中是否有花生米之间的相关关系，甚至可以假设它们之间的函数形式，并通过参数估计等一系列手段建立概率模型（例如：逻辑回归、朴素贝叶斯模型、神经网络、支持向量机等）。最后，根据老李皱眉次数计算出老李手中有花生米的概率。显然，这个模型的计算结果不可能特别准确，因为这个模型是对老李出拳行为的高度简化，严重失真。诚如统计学大师乔治·博克斯所说，"All models are wrong, but some are useful!"（所有模型都是错的，但其中有可借鉴的地方）。但需要特别指出的是，老王建立这个模型的目的并不是要追求所谓的"绝对正确"，因为这显然是不可能的，追求的是"改进"！老王希望在这个模型的帮助下，能够做出比过去更加英明的决策，因为对于老李的出拳行为，老王过去完全是乱猜。最后确实发现，老王在这个模型的帮助下胜算增加。老王的这个操作过程就是建模（modeling）。

由此可见，建模就是对不确定性现象的随机近似，更详细一点说，就是对真实的不确定性现象，通过随机模型而做出的高度抽象、简化以及近似的概率表达。

预测精度的改进

虽然预测不准是常态，但这绝不意味着预测精度越差越好。显然，人们还是希望预测越准越好。那么，预测精度如何改进呢？

对于这个问题，人们通常会不假思索地给出两个回答：一是改进模型；二是增加样本量。这两个方法都有一定效果，但都不是关键所在。那么改进预测精度的关键到底是什么呢？在股票投资领域，大家都绞尽脑汁希望能够预测股价，因为任何人只要能够获得一点点预测股价的能力，就可以将其转化为真金白银的超额收益率，这就是量化投资的魅力所在。但是，无论量化投资者如何聪明，模型如何"高大上"，都竞争不过另外一拨人——内部交易者。内部交易者是指拥有非公开关键内部消息的人，他们拥有市场上其他投资者不拥有的关键内部信息，也就相应地获得了远高于普通投资者的关于特定股票价格的预测能力。例如，在我国资本市场上，如果有人能够提前知道企业兼并收购的利好消息，就可以提前建仓，坐等涨停。在国外资本市场，一家制药企业重要药品的三期临床试验数据的掌控者，可能提前就知道该试验结果对企业是利多还是利空，也可以通过相关的股票投资操作获得超额收益。当然，这些操作绝大多数情况下都是非法、违规的。这里仅仅做一个纯学术上的分析，讨论一个最简单而愚蠢的问题：为什么内部交易者比普通投资者对股价预测更准确？

答案很简单：内部交易者拥有比普通投资者更多的关键内部信息。假设某只股票未来价格为 Y，内部交易者拥有更多关键信息 X，X 同 Y 高度相关，因此能够实现预测精度的极大提升。

对股市内部交易者而言，X 可能就是还没有披露的兼并收购信息；对于上市的医药企业而言，X 可能就是还没有公开的三期临床试验数据。更具体来讲，X_1 是目前市场上公开可获得的所有相关信息。由于市场竞争激烈，X_1 和 Y 的相关关系很弱。但是，内部交易者除了拥有市场公开信息 X_1 以外，还拥有一些独特的、非公开的关键内部信息 X_2。因此，当普通投资者只能对 Y 和 X_1 做回归分析时，内部投资者却可以研究 Y 对 $X = (X_1, X_2)$ 的回归关系。显然，后者的预测精度有可能更高。

由此可见，预测精度最根本的改进在于信息量即 X 变量的增加，尤其是相关信息即相关性高的 X 变量的增加。对于一个具体的业务问题，Y 变量确定了，X 变量确定了，那么最优预测精度（一个理论上界）也就确定了。而所有的回归模型，都是努力逼近该理论上界的具体技术手段。由于人们实际掌握的技术手段、数据资源、技术资源有限，因此最后被开发落实的模型预测精度要比这个理论上界低。但随着数据的增加、模型的改进，我们可以无限逼近该上界，但永远无法超越。不可能存在一个完美的模型（例如：人工智能、深度学习等），在不增加 X 的情况下，无限地改进预测精度。当然，这并不是否认模型技术的重要性，预测精度的改进仍然需要模型技术的持续改进，其意义在于让我们更加接近最优预测精度。请记住，预测不准是常态！最优预测精度距离预测绝对准确一定相去甚远。

所以，要从根本上改进模型预测精度，最主要的努力应该放在信息拓展上，不断寻找新的有价值的 X 变量。只有找到独特而相关的 X 变量，模型预测精度的理论上界才能得到改进，相应的模型技术所能实现的真实预测精度也会因此而提高。

能否通过对 X 变量长期持续的拓展，发掘越来越多的 X 变量，然后让预测精度的理论上界不断上升，最后能够无限接近绝对准确预测这个宏伟目标呢？答案是否定的，原因还是要回到不确定性的本质上。前面提到，不确定性中有一部分是无奈，无奈所对应的不确定性是由于人们对有限资源的无限博弈造成的。比如，一个竞争激烈的股票市场，有一天你发现了一个规律：某个生产空气净化器的上市企业，其第二天的股价 Y 跟前一天的 PM2.5 浓度 X 正相关。基于这个规律，你可以形成一个投资策略：如果当天 PM2.5 浓度过高，就在当天股市收盘前做多该股票，相反就做空。这样看起来可以获得丰厚的超额收益。但是，随着时间的推移，你一定发现这个 X 跟 Y 的相关性越来越弱，相应的预测精度越来越差，因为知道这个规律的人越来越多，他们都形成了跟你类似的投资策略，股价被快速调整到它该有的位置，从那个位置开始的变动就非常随机、难以预测了。

这个虚构的例子告诉我们，对一个既定的业务问题和一套给定的 Y 与 X，相关模型的最优预测精度（这个理论上界）不是一成不变的，而是逐渐下降的。因此，虽然人们通过努力拓展新的 X 来改善预测精度，但是并不见得一定能够提高最优预测精度的理论上界。很多时候，这是对预测精度持续下降的一种对抗。要知道，预测不准是常态这个根本准则不会改变。

预测精度的界定

虽说预测不准是常态，但并不是说对预测精度没有要求。一个预测精度太差的模型，无法支持真实业务，也无法帮助企业获得竞争优势。因此，实际业务对模型预测的准确程度是有要求的，越准越好。具体如何界定呢？这是本节要讨论的问题。

首先探讨如何测量和评估预测精度（或者准确程度）。这本身就是一个并不简单的学术问题，例如，在线性回归中，人们常用判决系数 R-Squared。R-Squared 有多个版本：内样本的、外样本的；调整前的、调整后的。在 0－1 回归中，人们常用 AUC 或者 KS 距离。关于 R-Squared，AUC，KS 距离等概念，可以参阅相关专业书籍，这里不赘述。但是，无论什么标准，它们被设计得越高越好，但高的标准是什么却不甚明了。假设已经采用了某一精度标准（例如：R-Squared），那么对精度的困惑就可以具体表达为以 R-Squared 为测量标准，什么值是高，什么值是低。这是一个非常有挑战性的问题，相信没有人有完美答案。根据实践经验，我提供两个不同的思路供大家参考。

思路 1：业务需求

第一种判断标准特别简单，就是业务需求。简单来说，在商业实践中，如果一个模型的预测精度可以满足业务的最基本需求，那么这个精度就是有意义的。什么叫满足业务的最基本需求呢？看以下具体的例子。

案例 1：量化投资。

假设你有一个奇妙的模型可以用来预测股价上升或者下降的趋势。同时，这个模型能够让投资赚钱而不赔钱，这就相当厉害了，至于赚多少，这是需要再考虑的事情。所以，赚钱就是业务目标，具体来说就是根据模型预测结果形成投资策略，然后对其收益率进行测算。接下来，需要严格执行相应的投资策略，长期而言就可以保证不赔钱。但很遗憾，资本市场是"近似有效"的（这个概念的严格定义可以在金融学专业中讨论，其核心意思是几乎没有任何模型能够在特别长的时间周期内持续有效地产生稳定的预测能力），所以，对于量化投资而言，如果要达到赚钱的业务目的，只要有一点点的预测精度就好。不过，如果希望这一点点的预测精度非常稳定，这就非常不容易了。大多数被认为奇思妙想的投资策略，都无法长期表现出持续的预测能力。

案例 2：征信。

现在消费金融非常火爆，而消费金融的关键就是互联网征信。简单来讲，互联网征信就是要判断一个人"赖账"的可能性，基于这个可能性决定是否给一个人放贷和放贷的利率。没有一个征信模型能把预测做到 100％准确，对于 100％准确预测，既不可能，也不需要。真正需要的是判别一个申请者是好人还是坏人的预测精度能够支撑信贷业务预期不亏钱，这就非常不错了！如果还可以实现超过预期收益，就完美了！但是，这个模型的预测精度为多少才能达到这个业务需求呢？假设根据模型对每个申请者打分，挑出得分最高的 100 人，借给每个人 100 元，希望一年后每个人还回 110 元（即 100 元本金＋10 元利息）。如果模型精度可以保证，在这 100 人里预期只有 1 个坏人，那么预期收益就是 99 个好人，一共 990 元利息收入。而一个坏人跑路了，100 元本金收入没了，不考虑其他损失，收益为 990－100＝890（元）。考虑到本金 1 万元，收益率为 8.9％，还是非常不错的。这说明该预测精度可以达到业务（消费金融信贷）的最基本要求。相反，如果预测精度是预期 10 个坏人，那么收益就是 90 个好人，一共 900 元利息收入，但是 10 个坏人跑路损失了 1 000 元，因此，最后综合收益是亏损 100 元。考虑到本金 1 万元，最后收益率为－1％，这就很糟糕了。在这种业务背景下，90％的预测精度是不可以接受的，99％就可以。这就是业务判断的标准！

案例 3：保险。

再来看汽车保险。假设每个司机每年缴纳保费 100 元，市场上每 100 个司机会出 10 个坏人，每个坏人会给保险公司带来 800 元的损失。此时不需要预测，只要把市场全部拿下，每 100 人就有 $100 \times 100 - 10 \times 800 = 2\,000$（元）的收益。这种情况对预测精度要求不高，但要求整个市场环境比较好，也即保费比较高，同时坏人比较少。如果这个市场上每 100 个司机就有 50 个坏人，你还不假思索全市场通吃，那么每 100 人带来的收益就是 $100 \times 100 - 50 \times 800 = -30\,000$（元）！此时，就要优先考虑优质客户，也即出险理赔概率小的客户。为此，需要预测模型的帮助，如果预测模型能够帮助把 50 个坏人中的 40 个识别出来，并排除在普通保险产品之外（可以给他们更加苛刻严格的保险产品），再用 40 个优质客户代替他们，保险公司就可以盈利了。这就是业务判断的基本标准。

思路 2：对比标杆

业务需求应该说是最低标准。如果一个模型的预测精度连业务需求都满足不了，可以说该模型一无是处。但如果一个模型满足了业务需求，就一定是了不起的模型吗？未必，因为别人可能做得比你还好！

以征信为例，建立一个不亏钱的模型并不难。比如，寻找一家大银行合作，利用该银行的打分标准即可满足要求。只要方向正确，收紧风控的敞口，不亏钱这个基本要求很容易满足。最保守的策略是不放贷，一定不会赔钱。因此，可以将其称为"简单方案"。简单方案也可以让业务开展起来，而且不亏钱，但业务量做不大，或者还有巨大的可提升空间。在这种情况下，如果模型精度比简单方案的更好，那么就有可能在控制坏账成本的前提下把风控的敞口放更大，把业务量提得更高。相反，如果模型的精度连简单方案这个对比标杆都无法超过，那么该模型就毫无意义，用简单方案就好。所以，我在与企业的合作咨询中特别注意：如何评估模型的未来效果？有没有一个良好定义的对比标杆？如果有，那就最好，并要努力超越它；如果没有，这样的合作研究要谨慎，因为很可能最后无法评估模型效果，这会让合作伙伴非常失望。

接下来的问题是：对比标杆应该如何确立？

标杆1：当前状况。

在做新的模型研究前，可以先对现状进行准确描述。例如，目前正在采用的模型其预测精度如何？如果经过努力该模型预测精度能够超越现状，这是一个实在的进步，即使这个结果离最终满意仍有差距。

标杆2：竞争对手。

这里的竞争对手比较广泛，可以是市场的平均水平，也可以是直接的竞争对手，还可以是行业龙头，甚至可以是一种处在竞争地位的技术方案（例如：临床医学中的安慰剂方案）。如果模型可以帮助企业做得比竞争对手更好，那么这个模型的预测精度就非常有意义。

以上是我经常使用的两个重要标杆。一个线性回归模型的判决系数要多大才有意义可以看以下两点：第一，比当前方案的预测精度好；第二，比竞争对手好。但问题是，很多时候我们的客户没有当前方案（因为是新业务），也不了解竞争对手（这是商业机密），该怎么办呢？回到最低标准：业务需求。否则，难以说清楚模型预测的精度到底多高才算好。

大数定律与产品化

在数据分析中，无论采用何种模型，预测不准都是常态。可是，一个预测不准的模型能实现商业价值吗？答案是肯定的。虽然模型预测无法做到非常准确，但是只要能够达到一定标准（例如：业务的最低标准或超越某个重要的标杆），借助大数定律，商业价值就可以体现出来。为此，我们需要学习什么是大数定律，然后再探讨大数定律在商业实践中的典型应用。

　　大数定律是概率论中一个非常重要的概念。请注意，这是一个概念而不是一个定理。因为大数定律这个概念对应了无穷多个与其相关的定理，所有这些定理都在尝试描述一个共同现象：在很多情况下，当样本量越来越大时，统计量的不确定性会越来越小，取值会越来越稳定并趋向一个特定的极限值，这就是大数定律。正确理解大数定律要抓住三个关键词：样本量、统计量和极限值。

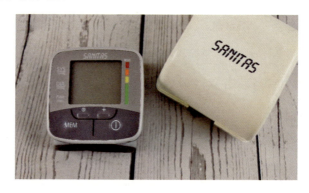

　　下面通过一个例子来解释这三个关键词。比如我的血压，每天 24 小时高低起伏不停。每小时测量一次，一天就有 24 个观测数据，这个"24"就是样本量。如果算出这 24 个观测数据的平均数，就是统计量。这时会发现，昨天的平均血压和今天的平均血压总是不尽相同，因而有很强的不确定性。但是如果一年 365 天每天都测量血压，就会获得一年的平均血压。今年的平均血压和去年的平均血压对比时会发现，它们之间的差异很小。换句话说，当样本量变大时，统计量的不确定性在减小。既然不确定性在减小，那么它就会收敛到一个特定的常数，而这个常数就是极限值。就血压而言，这里的极限值是个人健康的一个重要参考指标。

接下来通过一个经典的案例来说明大数定律是如何把商业中的不确定性变成确定性的。一个做机票预测的网站 Farecast，它的创始人是华盛顿大学计算机与工程系的教授奥伦·埃齐奥尼（Oren Etzioni）。起因是，有一天，奥伦教授需要出远门，为此他早早订了机票，因为过去的常识告诉他，早点订机票更便宜。等到出发的那天，他开开心心上了飞机，闲来无事就跟旁边的乘客聊天，结果应了一句话：没有比较就没有伤害。经过聊天对比发现，他旁边这位朋友，购票时间比他晚，价格更便宜。这让奥伦教授非常愤怒！

愤怒的奥伦教授并不能做什么出格的事情，只能写一篇论文并将论文发表在一个重要的计算机学术会议上。在这篇论文中，奥伦教授用大量的机票价格数据做了一个票价预测模型。然后，基于票价预测结果帮用户作出更合理的购票决策。例如，下周一我要乘飞机从北京出发去上海，把时间（下周一）、起点（北京）、终点（上海）输入模型，这趟行程各航班未来几天的票价就被预测出来了。在了解未来票价走势的前提下，就可以做出最优的购票决策。例如，如果发现未来票价看涨，那么最优决策就是尽快买票；如果未来票价看跌，最优决策就应该再等等，等到票价最低时再出手。经过在历史数据上的模拟实验，教授发现这个算法从平均水平上看能够为用户节省不少于 20％的预算，这是一个了不起的价值体现！

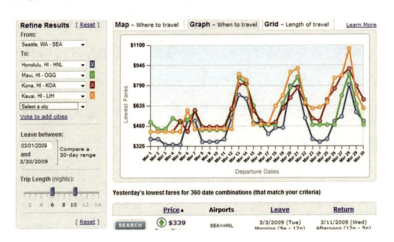

接下来，奥伦教授建了一个网站 Farecast，并且把这个算法应用在这个网站上。任何用户到这个网站，只要输入出发城市、到达城市以及出发时间，网站就会根据算法自动预测出未来的票价走势，通过对票价走势的分析给出购票建议。这个网站一经推出就非常火爆，吸引了大量用户来寻求购票建议。但是，Farecast 给出的建议能够做到一直绝对准确吗？显然不能。因为如果 Farecast 能够做到预测绝对准确，航空公司的正价机票就再也卖不出去了，而一个只卖廉价机票的航空公司的生存是非常困难的。因此，航空公司为了维护自己的利益，一定会采取干扰性的操作让 Farecast 的预测结果变得不准。例如，Farecast

预测票价要涨，航空公司就降价；Farecast 预测票价要跌，航空公司就涨价。由此可见，Farecast 的预测结果是不可能十分准确的。这种不准确性不是因为无知（例如：数据不够、模型不准），而是因为无奈（Farecast 同航空公司的无限博弈）。对 Farecast 而言，预测不准是常态。只能说通过大量的数据和靠谱的模型，Farecast 的预测精度比一些重要的标杆（例如：普通用户的"胡蒙乱猜"）要好很多。因此，Farecast 给出的大量购票建议中，有的是正确的，而有的是错误的。如果 Farecast 给出的建议是正确的，用户因此而节省了预算，他们会非常开心，但 Farecast 没有捞到太多好处。相反，一些用户因为预测的不准产生了不必要的损失就会非常生气，Farecast 就要接受接踵而来的各种投诉与抱怨。

　　这就是一个典型的商业场景。人们面对一个巨大的鸿沟，鸿沟的一边是预测不准的常态，而另一边是消费体验对预测精度的无限诉求。对 Farecast 这个案例而言，机票价格走势对普通用户或者对奥伦教授来说带有强烈的不确定性，因此预测不准是常态。但是，通过数据分析和建模，奥伦教授对票价的不确定性能够获得比别人更深刻的理解，从而相对更准确地判断出机票价格的走势，并从平均水平而言，带来超过 20% 的预算节省，这就是该不确定性蕴含的商业价值。不过，要想套取该商业价值却并不容易，因为在鸿沟的另一边是消费体验对预测精度的无限诉求。对消费者而言，他们不关心"平均水平"，大量消费者一年也乘坐不了几次飞机，因此任何一次失败的体验（例如：Farecast 给他出了一个关于购票的馊主意）都是难以弥补挽回的。因此，从消费者体验的角度看，"平均水平"的改进意义不大，真正有意义的是"确定性"的改进。对 Farecast 而言，就是要求每次消费者都不能吃亏，不能吃"不确定性"的亏。在这种情况下，一个可能的解决方案就是改进模型、提高精度！但这个方案显然不靠谱。前面反复强调：预测不准是常态，因此，模型精度的提高是有上限的。该上限的形成，不是由于数据缺乏、模型无知，而是因为 Farecast 与航空公司的无限博弈。所以，通过改进数据模型提高预测精度是不可能的。

要彻底解决这个问题，只有一种可能，那就是商业模式创新！通过一种新的商业模式，实现从不确定性商业价值到确定性商业价值的完美转换。这个商业模型的理论基础就是大数定律，因为大数定律的本质就是从不确定性到确定性。为此，Farecast 的创始人推出了一个极具创意的保险产品：消费者买机票之前先付 9.95 元给 Farecast。收了消费者的钱，Farecast 会给你一个购票建议，应该什么时候买票，消费者就可以根据这个建议去操作执行。如果票价真的更便宜，此时消费者就赚了；如果 Farecast 给消费者出了一个馊主意，让他买了更贵的机票，这时产生的损失就由 Farecast 来赔偿。这个商业模式其实就是一款保险产品，对消费者来说，这里面就没有任何不确定性了，最糟糕的情形也就是不省钱而已，但还有很大的可能性，你会真的省钱。这时机票价格的不确定性转嫁到 Farecast 上，如果它给客户出了好主意，9.95 元就赚了；如果给人出了馊主意，就要赔偿别人的损失，那么 Farecast 到底是赚了还是赔了呢？对于任何一个单独用户而言，Farecast 是赢还是输，都是高度不确定性的。但不要忘了，Farecast 同时面对的是大量用户（即样本量），其最终的平均胜率（即统计量）会收敛到一个稳定的常数（即极限值），这就是大数定律的奇妙作用。由于 Farecast 比一般人更深刻地理解不确定性，它的最终平均胜率会远高于普通人的水平，进而保证最终正向收入的确定性。Farecast 为什么能够做到这点？其最根本的原因不是精妙的数据模型，而是因为大数定律以及围绕大数定律而设计的商业产品（或者模式）。

第八章/*Chapter Eight*

数据资产定价

　　至此，朴素的数据价值观应该已经在你的心中生根发芽，回归分析的"道"与"术"你也应已了然于胸。下面我们就可以讨论更深刻的问题：数据资产定价与交易。一个流行的观点："数据就是资产！"甚至说"数据就是核心资产！"真的是这样吗？

　　要认真探讨这个问题，需要理解两个重要概念：数据和资产。关于数据，第一和第二章已进行非常充分的讨论。对于数据产业而言，数据就是电子化记录。对于资产，2006年颁布并于2014年修订的《企业会计准则——基本准则》第二十条规定："资产是指企业过去的交易或者事项形成的、由企业拥有或者控制的、预期会给企业带来经济利益的资源。"基于资产的定义，我们可以将数据资产定义为：企业过去的交易或者事项形成的、由企业拥有或者控制的、预期会给企业带来经济利益的数据资源。由此可见，数据要成为资产，一个必要条件是能够给企业带来预期的经济利益，也就是商业价值。这就是本书第三到第七章反复讨论的问题：什么样的数据在什么情况下可以产生什么样的商业价值？会表现在企业运营的哪些方面？如何被客户感知？

因此，"数据就是资产"听起来很有道理，其实经不起推敲，也不符合一般事实。在绝大多数情况下，数据并不是资产，只有那些条件具备、合法合规、能够带来商业价值的数据才可以被称为数据资产。数据资产也是资产，是企业资产的一部分，应该是可以被定价的。如何给数据资产定价就是本章要探讨的问题。

必要性与挑战

学过金融学的人都知道资本资产定价模型（capital asset pricing model），该模型是现代金融学的基础理论，无论是对金融投资的实际操作还是金融市场的理论研究，都有着极其重要的作用。同理推论，关于数据资产是不是也需要一个类似的定价模型或者方法论呢？有没有这个必要与可能呢？对此，我提出一些思考和困惑，希望起到抛砖引玉的作用。

　　这里需要强调的是，本节所讨论的数据资产，除非特别声明，都是基于一个重大假设：合法合规。因为只有在该假设下，才可能有合法合规的卖方。当然，这是一个非常严苛的假设，因为在真实世界中，数据确权极其困难，相关法律法规严重滞后，非法违规的数据交易广泛存在。因此，数据确权与合规是一个极其重要而沉重的课题，下节再做详细讨论。

　　接下来，先讨论数据资产定价的必要性。对此，至少存在两个重要场景非常需要对数据资产合理定价。

场景1：数据交易

　　假设在一个合法合规的数据交易市场，有多个卖家售卖不同的数据，价格各不相同。数据定价的依据是什么？数据的生产成本如何界定？事实上，任何资产的生产成本跟它所对应的商业价格并无必然关系，价格是由其创造的价值驱动的。在数据行业，大量耗费巨资采集的数据最后被发现毫无价值，形同"垃圾"。难道因为采集"垃圾"消耗了很多服务器资源、带宽资源，客户就应该为此支付昂贵的价格？显然不是。数据资产的价格跟所有其他普通实物商品的价格一样只能由其创造的价值驱动。

但是，数据的商业价值又该如何测量判断呢？这是一件非常难的事情。在真实的数据交易中，一个典型场景是卖方出价，买方还价；卖方总是希望价格越高越好，而买方总是希望价格越低越好；最后讨价还价达成一个价格，双方都觉得可以接受，就成交了。但成交后，买卖双方都觉得自己亏了。买方认为：一个边际成本几乎为零的东西居然卖这么多钱，心太黑了。卖方则寻思：买方拿了数据后会赚很多钱，但只用这么点钱来买数据，太抠门了。

为什么会产生这样一个结果？因为缺乏一套对数据资产定价的合理方法论，方法论的缺失会造成买卖双方均不满意，由此，交易成本增加，交易量降低。所以，数据交易是我们看到的第一个场景，急需数据资产定价模型。

场景 2：投融资

在投资市场，与数据相关的企业备受关注，这类企业的一类重要（甚至最重要）资产就是数据资产。投资人经常问创业者一个问题：如果失败了，公司倒闭了，还有什么能留下？创业者的一个标准答案是：至少还积累了很多数据。投资人一脸懵圈，因为这个答案似乎有点道理，但是这些数据到底值多少钱呢？显然，产生这个数据资产的创业者自己回答不了，因为能回答这个问题的创业者，不容易搞砸。

如果这些数据资产对企业自己的生产经营活动有商业价值，那么这些价值就应该会被反映到企业运营的具体指标中，根据前面的讨论，这些指标无外乎收入、支出和风险。而在企业的估值过程中，这些指标已经被充分考虑。因此，对这样的数据资产似乎没必要单独估值，因为它们的价值已经反映到企业的运营指标中，已经被估值过了。但是，企业常常对此并不死心，仍希望对数据资产本身进行估值，其背后的假设是数据自己（即使脱离现在公司的生产经营活动）也应该有价值，应该可以被估值。这么说有道理吗？如果有道理，到底应该如何估值？所以，投融资是我们看到的第二个急需数据资产定价模型的场景。

既然数据资产定价如此重要，为什么相关的学术研究却很少呢？一个可能的原因是挑战太大。有哪些挑战呢？为了说明这个问题，我们考虑一个简化虚构的案例。

第一个挑战：数据确权

假设老王拥有一个大量用户的电商网站（例如：狗熊商城），这些用户在狗熊商城留下了大量浏览行为数据，这些数据对电商网站的个性化推荐算法非常重要。把这些数据记作 X，那么，这些数据是谁的？是老王的吗？应该不是，因为这些数据记录的是注册用户的行为，注册用户才是这些数据内容的创造者。这些数据是注册用户的吗？这似乎也欠妥。这些数据是用户创造的，但是利用了老王提供的网站场景、软硬件设施，否则，这些数据（即电子化记录）根本就不会被记录下来，因此，老王对这个数据的生产创造有着不可磨灭的贡献。还有很重要的一点，老王是这些数据的实际控制者。所以，这些数据完全属于用户也会产生争议，那么其到底属于谁？如果数据的产权都确立不了，定价更无从谈起。这是第一个挑战。

第二个挑战：交易标的

假设大家都同意数据 X 属于老王，那么数据 X 本身（即电子化记录）能否成为交易标的？是否可以延续使用传统资产的交易方式，即买方支付货币，卖方交付资产？如果可以，那么老王就可以用价格 P 把数据 X 卖给老李。但是数据资产同实物资产相比有一个非常独特的地方，即复制成本几乎为零。假如拿到数据 X 的老李直接复制 800 份（成本几乎为零），然后用更低的价格（例如：$\dfrac{P}{2}$）向老张售卖。如果此时老王还将数据 X 以价格 P 向老张兜售，老张会买谁的呢？答案当然是老李的。此时，老王为了争抢客户只能卖得更便宜（例如：

$\frac{P}{3}$），于是老王、老李互相杀价，最终把数据 X 搞得一文不值。

如何避免这种情况发生？一个可能的方案是对该数据的产权从技术上或者法律上做出强有力的保护，让老李没有技术和胆量去售卖盗版。但对此我并不看好，因为相应的技术可行性很差，法律监督成本又高昂。因此，数据 X 也许不是一个好的交易标的。如果数据资产交易的标的无法确定，交易也就不存在，那么定价从何谈起？这是第二个挑战。

第三个挑战：价值测算

前面讲过，任何资产的价格都是价值驱动的。因此，要为数据资产定价，前提是对它的价值有一个可靠的测算。再来看老王的数据 X 到底应该值多少钱，这非常依赖场景。例如，利用数据 X 记录的是客户的性别，这对于电商应该是有价值的，因为男生、女生喜欢购买的东西是不一样。因此，利用数据 X 可以改进推荐系统，让转化率从 1％ 上升到 1.2％，多出来的 0.2％就是数据 X 的价值。但如果对于征信而言，至少在我有限的实际经验里没有看到性别起到太大的作用（男生、女生的信用行为没有特别大的差异），数据 X 也就没什么价值。这说明，同样的数据资产在不同的场景下价值各不相同，甚至差异巨大。那么数据资产的定价应该以哪个价值为准？请注意，以上两个场景（个性化推荐和互联网征信）似乎都太理想化了，其

"理想"之处在于数据（例如：性别）有清晰的应用场景，甚至有可被测算的商业价值（例如：转化率的提升、违约率的下降）。但是，对于大多数情形而言，数据的应用场景并不清晰，商业价值也没法测算，在这种情况下，数据又该如何定价？这是第三个挑战。

数据确权

数据资产之所以要定价是满足交易的需要。任何资产，只要交易就需要明确产权。数据资产也一样，首先要解决的就是数据确权问题。

以隐私保护为例。隐私保护的对象是关乎隐私的数据，但如果这个数据在司法确权的过程中无法确定是不是你的，那么这些数据还是你的隐私吗？可以申请法律的保护吗？所以，隐私保护的核心是数据确权。只有数据确权后才可能确定隐私保护的对象和边界，否则，在执行层面会产生很多矛盾冲突，进而让隐私保护变得难以落地。

以数据交易（或者交换）为例，数据确权同样很重要。所谓交易，就是在公平自愿的前提下把两个产权明确的资产互换。因此，产权明确是任何资产交易的先决条件。同理，数据资产的确权是数据资产交易的先决条件。没有清晰界定的产权，交

易无从谈起。数据交易是大势所趋，这里我并不是支持数据交易，也不是反对数据交易。我对于数据交易的好坏没有自己的看法，我的核心观点是：数据交易似乎是一个势不可当的趋势，跟数据交易本身好坏无关，跟人们对它的好恶态度无关。就像有了重力，苹果就会往下掉一样，没有必要去思考重力让苹果往下掉是好事还是坏事。一个更有建设性的思考是，如何把这个趋势利用好，为社会创造福利（例如：利用水的重力发电）。因此，对于数据交易而言，我认为最好的策略是规范疏导，不要让数据交易的"洪流"毁坏"庄稼"，反而要用它来"发电"造福人类。而规范疏导数据交易的一个基本前提就是数据确权。

那么应该如何确权呢？再来思考一下老王狗熊商城的案例。假设小李是狗熊商城的忠实客户，每年要从狗熊商城购买很多商品，狗熊商城因此留下了小李的购买记录、浏览日志等很多数据。这些数据是谁的？是小李的还是狗熊商城的？两种常见观点是：数据是小李的，或数据是狗熊商城的。如前文所述，这两个观点都经不起推敲，同现在行业的常见做法不一致、行不通。因此，似乎唯一合理的方式是利益共享，小李和狗熊商城共同享有这个数据的利益。但是，这个利益应该如何分享呢？

方案1：双方分享所有权。如果把数据看作一个公司，就是大家分享股权。这个答案乍看上去似乎有道理。小李提供了行为，狗熊商城提供了技术存储手段，共同产生了这些数据。因此，这些数据的所有权应该是小李和狗熊商城共同拥有。但是，谁是大股东呢？如果小李是大股东，那么狗熊商城要做一个个性化推荐算法就很麻烦，要跟千百万甚至上亿用户沟通，获得对方授权，这似乎不实际；如果狗熊商城是大股东，那么狗熊商城会全方位压制小李，这也不合理。双方各占50％呢？这同数据属于小李的场景相似，狗熊商城失去对数据的绝对控制权，所有算法分析的推进都需要海量用户授权，其成本将极其高昂，也与现在行业的常见做法不一致。

方案2：区分所有权与使用权。从方案1来看，分享所有权不可行，那么能否把所有权和使用权分开呢？显然，这个数据的所有权不能给狗熊商城，如果给了狗熊商城，小李的基本信息成了狗熊商城的，即便没有小李的许可，狗熊商城也可以把小李的"生辰八字"售卖给任意买家，这显然不合理，所以，所有权只能由小李拥有。但狗熊商城为采集存储这些数据投入了资源，因此狗熊商城将拥有该数据的使用权。那么所有权和使用权有什么区别呢？简单来说，所有权是最高权限，自己想怎么干就怎么干，但使用权有限制，主要是限制使用范围。因此，小李在狗熊商城所产生的数据仅限于狗熊商城（或者某个约定的范围）使用。例如，狗熊商城可以用该数据改进个性化推荐算法，也可以用于分析了解各个商品的销售情况。但狗熊商城绝不可以把小李的数据售卖给熊猫商城，对此，小李应该有申诉的权利。

从上面的举例可以看出，如果数据的所有者（往往是创造者，例如小李）和使用者（往往是控制者，例如狗熊商城）不是同一主体，数据确权就是一个不可或缺的前提。特别需要指出的是，方案2也具有比较好的普适性，尤其是在面向个体消费者（2C）的商业模式中，由于使用者向所有者获取授权的成本极其高昂，对所有权和使用权进行明确区分就格外有价值。而如果是面向机构（2B）的商业模式，就需要根据成本的高低来进行选择。

交易标的

与数据确权相关的问题非常复杂，以上思考仍不成熟，因此，更希望能够起到抛砖引玉的作用。如果大家能够一定程度上认同以上看法，那么方案 2 似乎可以解决小李和狗熊商城的数据利益分享问题，但是仍不能解决数据交易问题。因为根据方案 2，狗熊商城是不能售卖小李的数据的。事实上，狗熊商城渴望交易该数据的冲动巨大。如前所述，数据交易的需求如洪水猛兽一般势不可当，如果非要阻挡、限制它，数据交易很可能会走向地下非法市场，后果更可怕。相反，如果能够通过合理的数据确权技术，尽可能去规范疏导它，那么数据交易的负面作用就可以被极小化，而正面作用被极大化。

对规范疏导数据资产交易而言，一个非常关键的问题是能否提供一套合理可行的数据交易标的指引。前面讨论数据资产定价所面临的挑战时提到，数据资产如果有合理的交易存在，它的交易标的一定不能是数据本身。第一，数据交易的供给方（例如：狗熊商城）在绝大多数情况下并不是数据资产唯一的产权方。因此，数据的供给方没有充分的权力去交易数据的产权（至少存在争议）。第二，即使数据的供给方是数据资产的唯一合法拥有者，具备交易数据资产产权的权力，它也会缺乏动力去交易数据，因为没有现实的能力（技术上和法律上）去保护被交易的数据资产不被盗版。那么，数据资产交易的合理标的到底是什么呢？

对此，先做两个假设。关于这两个假设的合理性可以另行讨论，但接下来的推理讨论都是基于这两个假设。第一个假设是交易标的假设。由于数据供给方（例如：狗熊商城）往往不是数据资产唯一合法的拥有者（例如：消费者＋狗熊商城），或者说是一个极具争议的拥有者，因此数据资产交易的标的不能是产权，只能是某种使用权。第二个假设是有限使用权假设。如果不对使用权的使用场景、使用手段做出必要的限制，那么在商业利益的驱使下，伤害用户（数据内容提供者）的行为恐怕在所难免。

如果这两个假设成立，我们就可以推演一下数据资产交易标的的大概形态。

第一，由于数据资产交易的不是产权，因此在整个交易过程中不能出现把原始数据从供给方直接拷贝给购买方这样的动作。该动作一旦发生，供给方将失去对原始数据的实际控制能力。因此，所有跟原始数据相关的计算只能发生在供给方所控制的平台上，而不能发生在任何供给方无法控制的环境中（例如：购买方的服务器），这跟我们熟悉的实物资产交易很不一样。考虑一个虚构场景：假设 A 是一家消费信贷企业，客户小王向企业 A 申请消费贷款 5 000 元，用于购买手机。为此，企业 A 需要对小王做调查，比如，想知道小王平时都跟哪些亲人经常打电话。一个办法是请小王把他的电话详单（原始数据）给企业 A，这样做的结果是小王本人和运营商（该数据的实际控制者之一）将彻底失去对原始数据的控制能力。而作为一个消费信贷企业，A 会如何使用这些原始数据完全靠自律。另外一个更加稳妥的做法是将所有的模型计算放在运营商控制的服务器上（一个相对更加安全可靠的环境），然后把 A 需要的计算结果（例如：征信模型打分）购买来即可。这个计算结果本身（征信得分）一旦被消费信贷企业拥有，小王和运营商将彻底失去对这个加工后数据（征信得分）的实际控制能力。但是，这仍然好过对原始数据（通讯详单）的彻底失控。

第二，除了不能直接交易原始数据以外，数据供给方平台还需要清晰知道：这些数据要做什么计算？为什么？准备用在什么场景下？尤为重要的是，该数据的所有相关方（尤其是内容生产者：用户）是否知情同意？在前面提到的小王借钱买手机的例子里，运营商是数据的实际供给方，而 A（一个消费信贷企业）是购买方。要达成该交易，A 需要进行足够的商务沟通并知会运营商：需要什么数据、做什么计算、将用在什么业务场景、为什么要这样做，尤为重要的是，A 需要必要的业务流程保证该数据的内容提供者（用户小王）知情同意（用户小王很可能非常乐意，因为他要向 A 申请贷款，而申请贷款的一个必要条件是充足必要的信息披露）。如果这个事情严肃认真起来，那么大量企业的用户协议（软件使用协议、硬件使用协议、服务协议等）都需要认真修改。在数据创造价值的今天，几乎没有任何企业不采集数据，但关键问题是：采集什么？如何采集？将用于什么？所有相关方是否知情同意？这是相关用户协议需要审慎约定的内容。

价值测算

某大型集团的朋友曾问："现在都说数据是资产，但这个资产到底值多少钱我们并不知道。随着时间的推移，这个资产是升值了还是贬值了我们也不知道。因此，我们急需一套关于资产定价的方法论。有没有神奇的数学公式，运算后得出一个数字，可以告诉我数据资产的总价？"

这是数据化转型企业所面临的典型问题。关于数据资产定价，其中一种说法是基于数据资源的生产成本，尽管不能准确测算，但可以估算。例如，估算采集这些数据投入的硬件、软件、人工、时间等生产成本，以此来定价。前文已提到，价格是由价值驱动的，而不是生产成本。

因此，要对数据资源定价，首先要搞清楚这些数据的价值。假设 A 是一家互联网营销公司，B 是一家豪华车制造公司。B 公司推出了一款高档车，要做市场预热，需要 A 公司帮忙在主要互联网媒体上（例如：搜索、社交、视频等）做大量的广告曝光。B 公司不追求点击量，这不是 B 公司要的效果，它追求的是一天 1 000 个有效的咨询（可以是电话，也可以是线上对话）。也许会考虑把百度搜索所有相关的关键词都买下来，把 B 公司产品的广告排在第一位；也可以在移动广告的 RTB（实时竞价）平台上买下所有 APP 的开屏首页广告；还可以在视频网站把所有视频开始前的广告全部买下来。由此，一天 1 000 个有效咨询肯定没问题。如果不考虑成本，这些方案是相当好的。但是，为了达到这个目的所采取的动作（例如：百度排名锁定、APP 开屏广告等）都是有成本的，而且成本非常高。

现实中，会考虑一个基本的约束条件，那就是流量采购的成本限制。给定一个成本约束条件，最终会获得多少点击、多少转化（例如：有效沟通），这是不确定的。有不确定性的地方，就有数据价值创造的商机。具体来说，先把这个业务问题规范成一个数据可分析问题（例如：从点击到转化），每一次点击就是一个分析样本。其中因变量 Y 是转化与否，而 X 是能从广告平台上采集到的各种指标，例如，在百度搜索平台，可以获知时间、地点、关键词、广告创意等；在 RTB 广告平台，一般可以获知时间、APP、上网环境（WIFI 还是 4G），还有地理位置、POI（兴趣点）等。这都是 X，平台是可以提供的。如果 A 公司跟竞争对手的技术能力旗鼓相当（这是大概率事件），基于这些 X，A 公司是无法获得相对竞争优势的。此时，A 公司需要独特而有效的新 X。

由此，驱动数据交易的业务需求就来了。业务需求就是通过购买独特而有效的 X，获得对 Y 更加准确的判断。前面已详细讨论过，独特而精准的 X 就是市场竞争优势。假如此时有一数据供应商可以提供一个独特的数据资源 X_1，但需要收取一定的费用（例如：10 元/条），那么如何判断该价格的合理性呢？这是一个极具挑战性的问题。要回答这个问题，有一个基本思路，那就是确定 X_1 能产生多大的价值，该价值是否大于 10 元/条。

对 X_1 价值的评价可以分步骤进行。第一，假设已经有一个基准模型，用已经具备的解释性变量 X 预测 Y。第二，在给定 X 的前提下，判断通过增加新的 X_1，对 Y 的预测精度是否有显著提高；如果有显著提高，能提高多少？第三，在预测精度的前提下，可以通过成本（媒体的流量采购成本）以及收益（广告主合同中约定的费用）来计算该业务带来的净收益。第四，用含有 X_1 的净收益跟未含有 X_1 的净收益对比求差，X_1 的存在带来的额外净收益就是 X_1 的价值。以上评价数据价值的方法，逻辑严谨，非常科学，但是有两个严重的实际问题。

第一，同样的 X_1，面对不同的买家、不同的场景，测算下来的价值一定是不一样的。以哪一个为准？用最高的，还是最低的，又或者某种加权平均？其实同样的问题，在实物资产中也大量存在。比如同样一个记事本，在不学无术的人手里没有价值，在学生手里就可以学习写字算数，在企业高管手里记录的可能是融资计划、战略方向或者重大人事决策。所以，同样一个资产在不同的场景下价值可能差别巨大，这是一个普遍现象，不是数据资产独有的。但为什么记事本这种传统商品就可以被定价呢？原因很简单：有市场、有交易。

第二，上面提到的互联网广告场景实在太理想了，理想到了数据的商业价值居然可以被准确测算出来。在实际工作中，我们经常发现手中数据资源的商业价值是不容易测算的。同样的问题也发生在实物资产领域。例如，写字楼是企业办公绝对重要且不可或缺的资产。如果企业一年产生了 1 亿元的收入，其中有多少是办公楼这个资产提供的？显然说不清。但是，这似乎并不妨碍你去租办公场地的时候对于合理的价格有一个良好的预期。因为有市场（写字楼出租市场），市场上有替代品（其他写字楼）。如果全世界只有一栋写字楼，那就没有选择，楼主定多少钱就是多少钱，能不能接受是租户的事情，这个价格的合理性无从判断。但是，真实的世界有很多写字楼，就可以对比判断了。虽然每个楼主其实都说不清这个办公空间价值几何，每个租户也说不清楚，但在他们内心深处都有一个"稀里糊涂"但也合理的价格范围。有可能这个范围非常宽广，很不精确，但即使是这样一个不精确的价格，也给了你货比三家的机会，给了一个参照系，从中可以大概判断一个办公空间的商业价值。为什么写字楼这样价值如此模糊的资产居然都可以定价呢？原因还是：有市场、有交易。

　　同样的道理也适用于数据资产。假设 C 公司拥有数据 X，想预测 Y。现在，A 公司向 C 公司兜售 X_1，要价 10 元；B 公司向 C 公司兜售 X_2，要价 5 元。如果 C 公司发现 X_1 和 X_2 对 Y 的预测精度改进相差不大，甚至 X_2 的效果更好，那么 C 公司应该购买 X_2。如果跟 C 公司类似的客户很多，结果就是 X_2 可能会涨价，而 X_1 可能会降价，直到价格调整到一个合理的水平。所以，X_1 的定价是否合理或者 X_2 的定价是否合理，要对比其他能够达到类似预测效果的数据资产。虽然很难给出一个绝对的金额，但相对是否合理是可以有所判断的。这不是数据资产独有的特性，其他任何资产都有这个特点。通过这种方法，在一个具体的业务场景中，一个买方在面对不同资产选择时可以做出一个大概的选择判断：哪一个数据资产更加物美价廉。买方的这个举动，完全是买方以自己为中心的个体行为。单一的个体行为并不能决定市场上关于这个特定数据资产的公允价格，但是大量的个体构成了交易市场，并决定了交易价格，成就了数据资产定价的微观基础。

由此可见，数据资产定价的基础是交易！

数据资产交易

交易的内容与形式

数据资产交易是定价的基础，但是具体如何交易，交易的内容与形式又将如何呢？本节将对市场上常见的交易内容与形式做简要讨论。依然以狗熊商城为例，这里考虑的核心问题是：狗熊商城到底采用何种交易数据的方式才能尽可能地保护各方利益。

方案 1　隐藏用户 ID

把用户 ID（或者类似 ID 的标志，例如：设备号、地址等）全部隐去。这样做似乎可以很大程度上解决老王隐私保护的担忧，这样的数据虽然不知道老王是老王，但是老王所有数据之间的模型关系（例如：身高和体重）没有受到任何破坏。因此，这样的数据似乎可以满足科研和教学的需要。但是对于商业机构而言，数据价值会大打折扣！为什么？

一家企业大规模采购数据，它的诉求有多种可能性，其中也包括科研和教学（内部培训），但这一定不是其最主要的诉求。企业的生存时刻依赖于业务运营，因此，如果一家企业大规模采购数据，最可能的诉求是支撑业务。采购数据一定是因为该数据对重要业务有帮助。怎样才能有帮助？不同的应用场景各不相同。但是大部分应用场景都需要把数据和人准确地匹配上，如果数据不能跟人匹配，精准营销、个性化的客户关系管理、对个体做信用评估等将无从谈起。因此，如果把 ID 全部隐藏，这样的数据对业务而言用处不大。所以，这种数据交易很难成为主流。

方案 2　数据汇总

另外一个解决方案就是数据汇总。也就是说，卖方不直接售卖原始用户的数据（不管 ID 隐藏与否），而是把每 100 个用户打包组成一个"用户军团"，对各个指标的均值、方差、分位数进行计算，然后把"用户军团"的描述统计（例如：平均收入，性别比例，平均消费金额等）售卖给买方。因为"用户军团"里有 100 个用户，所以并不知道具体某个用户的情况，因此用户的隐私得到了极大保护。该方案看上去很好，但依然存在致命问题。

首先，这样的数据无法精确到个人，因此大量面向个体提供产品服务的业务就得不到支持。其次，数据汇总的结果是获得了"用户军团"的一些描述统计量，然而买家进行数据交易的动机并不是描述统计量。如果是为了描述统计量，直接购买分析报告更合适，何必准备复杂的服务器、API 接口、交易数据、技术团队。所以，这种数据交易也难以成为主流。

在产业实践中，以上两个方案经常被人提及，但是我认为都太天真。归根到底，数据交易最原始的冲动是希望获得精确到 ID 的指标。那应该怎么办呢？

思路 1　数据模糊化

这里的数据模糊化，不是前面提到的把 100 个用户打包成一个"用户军团"，模糊化的数据仍然是精确到 ID 的数据。精确到 ID 的原始数据太敏感，需要对其进行"模糊化"处理，也即给出关于老王的非常模糊的"得分"。这个"得分"是基于原始数据计算而来的，从这个"得分"并不能对老王的隐私产生太多的遐想，却能满足交易的需求。这种"模糊化"处理和交易在市场上已经公开存在，而且没有被大范围地反对过。这种产品就是各种各样的征信得分（例如：芝麻信用分），这种得分（或者类似产品）如果做得足够好，是可以交易的。交易场景如下：老王要向招商银行贷款，招商银行需要判断老王是好人还是坏人，于是在老王授权的前提下花 10 元钱向某征信机构购买了老王的"某某信用得分"，发现是 800 分以上，非常好！招商银行欣然批准了老王的贷款请求。这个"某某信用得分"就是一个精确到老王的模糊化的数据产品。这个产品不见得是最完美、最让数据交易各方都满意的，但它是现实可行的一个可以交易的数据产品。

如果把"征信得分"看作一个关于信用的综合模糊指标，那么类似的想法是否可以借鉴到其他维度呢？例如，能否对一个人的各种收入数据（工资、奖金、分红）、消费数据（购物、酒店、交通）等进行综合分析，形成一个关于个人消费能力的综合评分？这个得分可以表达一个人的消费能力，但是无法具体到消费了啤酒还是尿布。因此这个数据即使用户授权披露，也不会涉及核心的隐私，但是这对后期模型应用（例如：精准营销）作用仍然很大。再比如，能否把一个人的体检数据、几十项健康指标综合形成一个关于个体的健康指数？该指数越高，说明越健康。但是，具体哪方面不健康，是高血压还是糖尿病，就不得而知了。这样的数据不能用于专业的医学研究，但是对于精准定位某些医疗产品的客户是非常有帮助的。

思路 2　问答模式

其实数据市场上还有一种非常成熟、合法合规的交易模式，而且交易量不小，这种交易模式就是问答模式。下面举两个例子来说明。

例一：验证谁是谁。假设一个陌生的年轻人找你借钱，告知了他的姓名、身份证号、家庭住址，请问你该如何验证真伪？一种方式是直接到公安部的数据库中比对，但显然是不被允许的，否则大量的公民身份信息就泄露了，这种大规模的交易机制太不安全。另一种方式是公安部数据库根据你提供的姓名、身份证号、家庭住址（这些信息是用户知情并同意主动提供的），从而核对这些信息是否正确。

例二：信贷场景。假设一个陌生的年轻人找你借钱，告知以下信息：他叫老王，他爸是谁，手机号码如何；他妈是谁，手机号码如何。他只向你借 2 000 元，如果没有能力归还，可以找他爸妈要。那么该如何验证他所提供的父母信息呢？一个常见的操作是消费金融公司在对方授权的前提下，把他的手机号码和他父母的手机号码一起提供给运营商，查询他们是否经常通话。如果运营商反馈是肯定的，这并不能说明他说的就是真的，但表示这个可能性是存在的，没有发现不利的证据。相反，如果运营商反馈是否定的，也不能说明他说的是假的，因为可能这一家人确实通话不多，但是这样一个反馈会降低你对他的信心。

对比以上两种数据交易思路的优缺点。问答模式对用户隐私保护得最好，它不提供任何具体数据，只回答一些关键问题。从理论上讲，人们可以通过问无穷多的问题，最终知道所有的精确数据，但是，这会产生很高的数据购买成本。相对而言，我更看好第一种思路：数据模糊化。通过交易模糊化数据，能够满足业务具体到 ID 的数据需求，同时还对个人隐私提供了不错的保护。更为重要的是，在这种模式下，在一个统一的数据交易平台上不同数据之间可以产生直接竞争关系。例如在信用方面，芝麻信用可以售卖芝麻得分，考拉征信可以售卖考拉得分。在定价方面，芝麻信用可以定价 10 元，考拉征信可以定价 9 元，定价是随意的，但是不同的价格决定了不同的采购量。因此，卖家会做出对自己最优的价格策略。买家也一样，有的买家发现芝麻信用特别好，因此青睐芝麻信用，有的买家觉得考拉征信好，这是一个自由的交易市场。

可替代性与套利交易

套利交易在金融交易中大量存在，是金融资产定价的一个重要的微观基础。那么，数据资产交易是否存在套利的可能性？对数据资产定价的意义何在？这是本节要讨论的内容。本节所有的讨论都假设数据的确权合规，这是一个重要假设，该假设让本节的讨论更加集中在"套利交易"这个主题上。

在回答以上问题之前，先看一下实物资产之间的套利是如何实现的。假设汽油价格和柴油价格之间服从一个比较稳定的相对价格规律，最近汽油价格莫名其妙被抬高了。在真实的世界里，绝大多数小汽车都是单一动力的，混合动力的汽车不多。如果你的小汽车只能烧汽油，但是汽油价格虚高，短期内你是无能为力的，只能承受这个不合理的损失。但是，假设你家小汽车是混合动力的，汽油、柴油均可，你就可以立刻把油箱里的汽油都抽出来卖掉，然后加上等效的柴油。你的车照样可以行驶同样的距离，同时你的手上多了一笔现金。如果像你这样的人非常多，那么汽油不合理虚高的价格很快就会因为大量的汽油抛售行为被打压下去。快速有效的套利行为保证了汽油、柴油价格的相对稳定。从这个虚构的小故事中我们可以看到两点：

第一，实物资产套利非常艰难，除非这个资产是证券化的。例如：上市公司的大楼被抽象成可以快速交易、流动性极好的股票，那么套利就非常方便。你可以柴油、汽油交易互换，还可以大楼跟大楼之间交易互换，甚至可以汽车跟大楼之间交易互换。只要有套利的机会存在，套利这个操作本身很容易，但是这依赖于一个重大前提，即资产证券化。而真实世界中，被证券化的资产占全社会总资产的比例很小，绝大多数情况下，我们面对的都是没有证券化的、不容易互换交易的资产。因此，即使套利的机会存在，套利交易这个动作本身也是极为艰难、成本很高的。

第二，套利交易对于维护市场价格的准确性、稳定性具有非常重要的意义。一类资产如果可以快速实现套利交易，它的价格就会相对稳定。即使出现不合理的场景，价格回归到合理状态的速度也会很快。相反，套利交易艰难、成本高昂的资产，其价格出现异常波动的可能性就会大很多，市场对不合理价格自我修复的能力就会弱，价格修复的过程就会漫长。

从这个角度也可以大概理解为什么企业都想上市，因为企业实体作为资产交易很不方便。设想有一天我告诉你，我拥有一家伟大的企业，开发了一款神奇的软件，可以让上亿人自由沟通，产生的收入非常高。现在我想出手0.1%的股权，如果没有资本市场，这个交易很难达成，即使交易达成，成本也会非常高昂。但是有了股市就很简单了，只需要在股票市场抛售对应的股票即可。如果股价足够便宜，很快就会被人抢购一空，甚至都不知道买家是谁。这就是企业都想上市的一个重要原因，上市带来了极其便捷的资产交易以及变现机会。

再来看数据资产的特点。假设有一个业务场景需要一个模型，这个模型需要各种 X 变量，其中一种变量是消费者的性别。如果这个消费者是男性，对应的 X 变量是 $X_1=1$；否则 $X_1=0$。现在突然有人告诉你，市场上 X_1 短缺，价格上涨了。以前一条 X_1 的价格为 1 元，现在上涨为 10 元，怎么办？寻找替代品。有哪些替代品呢？例如，X_1（你是不是男性）很昂贵，但是可以用很低的价格采购到 X_2（你是不是女性）。如果你是女性，那就不是男性；如果你不是女性，你就是男性。这两个变量有完全的替代关系。在数据世界里，把 X_2 变成 X_1 极其简单，只要能够找到一个模型通过 X_2 预测 X_1 就可以了。对于这个特定的例子，大家可以简单验证一下：$X_1=1-X_2$。就这么简单！

你可能会说，这个例子太虚假了。没错，这个例子非常理想化。接下来再看一个实际的案例。假设想知道 X_1（你是不是男性），不过这个数据的市场价格太高了，该怎么办呢？可以向电商网站寻求帮助。但电商网站说："很抱歉，我们的注册系统没有记录这个人的性别，你要的 X_1 变量我没有"。别急，电商网站是有这个人的购买记录的，从他的购买记录里也许能够有所判断。假如一个用户每个月定期购买女性卫生用品，这说明大概率来看这个用户是女性。当然也不排除是男性的可能性，或许他是为女朋友或者太太买的。但是，这个概率的天平已经开始倾斜。如果还能看到这位用户购买了大量女性化妆品、箱包等，这个概率的天平会继续倾斜。直到模型认为这个人是男性的概率无限趋于 0，那么通过模型可以把这个概率学习估算出来，生成一个新的变量 X_2。此时，这个 X_2 可以替代前面的 X_1 吗？

要回答这个问题需要了解两个事情：第一，X_2 和 X_1 的相关性有多高？这种相关性可以是线性的，也可以是非线性的，但是，强大的相关性是数据资产互相替代的统计学基础。第二，实际应用本身对于 X_1 的精度要求有多高？没有任何应用需要绝对准确的输入，都有容错率。容错率越高，就越容易实现数据替换，也就越容易实现数据资产套利。而可被替代的数据资产，也许会更便宜。

如果按照这个思路分析下去，能替代 X_1（你是不是男性）的方案很多，电商网站的浏览数据（男性喜欢什么网站，女性喜欢什么网站）、手机 APP 使用情况（男性喜欢什么 APP，女性喜欢什么 APP）、地理位置 POI 数据（男性喜欢去什么地方，女性喜欢去什么地方）、视频网站的浏览数据（男性喜欢看什么视频，女性喜欢看什么视频）、手游数据（男性喜欢玩什么手游，女性喜欢玩什么手游）等均可估算。X_1 的替代品并不是一两个问题，而是有很多。因此，如果 X_1 的市场价格虚高，就可以果断考虑替代品，看是否有更低价格的机会。如果中间的价差足够大，就可以用替代品生产 X_1，再售卖出去，从而完成一个套利动作。

类似于性别这种存在大量替代变量、可以被套利的数据非常多。从原理上讲，只要这个变量可以被其他变量足够准确地预测出来，就有了套利机会。预测越准确，套利的可能性就越大。这样的变量，除了性别，还有很多，例如：收入、支出、教育背景、工作背景、身高、体重等。

对比一下，实物资产（例如：汽油、柴油）的套利交易跟数据资产的套利交易相比，哪个更容易？显然后者更容易。给定一辆汽油车，如果汽油价格太贵，改用柴油需要不小的改装成本；给定公司现在的写字楼，如果租金太贵，想换一栋写字楼，需要不小的搜寻、协商、再装修成本，因此实物资产的套利交易并不容易。数据的套利交易却极其容易。只要两个数据之间相关性足够强，一个可以预测另一个，并达到足够的精度，那么这个数据和它的预测值之间只需要做一个简单的替换，模型就会继续运转。因此，对于数据资产而言，套利交易极其容易，核心问题在于两个不同的数据之间的相关性是否足够强。

一个假想的资产交易所

基于前面的讨论，一个假想的数据交易所的雏形已经呼之欲出。在这个交易所上交易的数据，可以是描述自然人的，也可以是描述企业的，甚至是其他个体的。显然，关于自然人和企业的数据交易应该是当下的主流。为了方便起见，假设这个交易所交易的是某种个体的数据，简称个体数据。所有个体数据都精确到个体 ID，并都做了模糊化处理。这些模糊化处理的数据叫做指数，它们的计算都在供给方的平台上完成，是数据最终交易的标的。

　　脑洞大开：把这个假想的数据交易市场同真实的股市做一个有趣的对比。

　　首先，真实的资本市场交易的是股票（或者股权），而数据交易市场交易的是数据指数。在一个真实的资本市场上，一只股票是通过一家具体企业的上市而产生的。因此，很多企业把上市看作最终奋斗目标，一旦上市，公司股权就可以轻松交易，并且享受较高的估值。为此，企业要努力奋斗多年，要经过严苛的审批过程。那么，对于一个数据交易市场来说，一个数据指数从无到有的产生过程也是另外一种上市过程。一家企业如果有一个数据指数能够成功上市，带来的将是巨额收入，而且无须销售团队跑业务，企业将形成很好的收入模式。从这个角度看，股票交易所和数据交易所何其相似！

但是也有不一样的地方。股票交易所交易的是干净利索的股权，也称公司资产的所有权或产权，你购买了多少股票就获得了相应的股权。你昨天购买的股权，只要愿意，今天就可以在同一个市场以合理的价格售卖。但是数据交易所绝不允许这样，因为数据交易所交易的是数据使用权，而不是产权。数据的购买者不能在任何场所（包括数据交易所以及其他线下市场）销售购买的数据指数。否则，购买数据指数的人可以马上把同一标的在同一数据交易市场上以更低的价格售卖，这个市场很快就会萎缩消失。所以，在数据交易市场上买方就是买方，卖方就是卖方，不能同时是买卖双方。而在股票市场上，任何个体都同时是买卖双方。在数据交易市场上买方很多，而卖方也就是提供数据指数的企业相对要少很多。这对应于股票市场上，股民很多，而股票数目相对较少。

还有一个不一样的地方就是交易的体量。一般认为股市的体量巨大，高达万亿级别的资金在里面流动。但细想一下，这个体量并不算大，因为能够在股市交易的资产都是非常优质的公司资产，跟全社会的企业资产相比微不足道，绝大多数企业资产是没有上市交易的可能的。但是，数据资产交易的门槛就要低很多，数据资产交易只需要交易标的数据指数质量足够好就可以了。一个不足百人的创业团队完全有可能做出一款很棒的 APP，覆盖上亿用户，这就能产生一个很优质的数据指数，然后上市交易。在这个阶段，该创业团队可能还只有产品，毫无收入，对于未来的商业模式甚至还不清楚，这样的团队在主流资本市场没有任何上市的可能，但只要能生产出足够优质的数据指数，就有可能在数据交易所上市，为社会创造巨大价值，也为自己创造巨额收入。由此看来，数据交易所上市的门槛比资本市场低得多，能够包容更多的企业，容量无比巨大，相应的交易规模应该比资本市场高很多！

那么什么样的企业、什么样的数据指数才能上市呢？为了保护数据交易市场的健康发展，应该为上市交易的数据指数提出什么样的要求呢？一些不太成熟的想法如下：

第一，具备真实可验证的数据生产场景，能够持续产生原始数据。作为一个被公开大规模交易的数据资产，至少需要确保该数据的持续生产能力。怎样才能保证数据的持续生产能力？这就需要真实可被验证的数据生产场景。这个场景可以是网盟，可以是 APP，可以是某网站，但是，无论哪种场景都需要真实可验证。

第二，具备清晰可被监管的算法公式。前文提到，数据交易市场最好不要交易原始数据。首先有隐私保护的考虑，其次原始数据常常很乱，常涉及大量的非结构化数据，不方便交易。因此，卖方需要通过合理的算法，将原始素材数据加工成可售卖的数据指数。这个算法并不需要公开（这可能是商业机密），但是必须可以通过某种方式被监管，否则很难解释你是如何将一个毫不相干的数据源生产加工成一个与之强相关的数据指数的，以及如何排除你其实根本没有算法，只是把其他渠道购买的（例如：芝麻信用）的数据再售卖一次的可能性。因为如果你售卖的是二手数据，那么其他渠道的利益就受到了极大的伤害。对算法公式的监管就是要通过必要的技术手段核实模型的原始输入数据到底是哪些。

第三，拟上市的数据指数应该具备足够的市场需求来支撑足够的交易量。如果一个数据指数太小众化或者覆盖的个体太少，以至于交易非常不活跃，那么这个数据指数是不应该上市的。数据交易市场应该像股市一样，尽量承载优质的数据资产，优质的数据资产应该是那些需求量很大的数据指数产品。在真实的股票上市过程中也面临类似的问题，为了解决这个问题，上市企业会通过路演寻求投资银行的支持，请它们承销相当比重的股票。这里的投资银行起到了背书作用，它们用自己的真金白银向所有人说："看好了，我先买 100 万股！"那么数据交易市场是不是也需要一些类似投资银行性质的金融机构呢？我们可以将其称为数据投资银行，它们会对监管机构和公众说："我看好狗熊指数，大家看好了，我先来100万笔！"

如果这样一个脑洞大开的数据交易所真的成形，它会给数据产业带来哪些影响和变化呢？

第一，一个规范高效的数据交易市场会驱动数据交易合法化，会驱动大量的数据交易发生在阳光下，接受公众和政府的监管。举一个可能不太恰当的例子，历史上美国曾经是禁酒的，结果酒被禁了吗？显然没有。老实人不敢卖酒了，胆子大的、敢铤而走险的人就为所欲为了，于是产生了大量的犯罪活动，给社会造成了巨大的混乱。后来终有一天不禁酒了，改为严格监管下的合法销售，结果犯罪现象立刻就消失了，因为没有存在的经济基础了。在美国有工作生活经验的朋友都会知道，酒在美国是被监管得非常严格的，21岁以上的人才可以去酒店买酒，很多地区甚至对售酒的时间都有规定。酒交易的合法化为这个行业带来了阳光，让这个行业在阳光下接受监管。因此，数据交易的合法化、数据交易所的高效运转有利于数据监管。否则，大量的交易发生在地下无法监管，或者监管成本极高。

第二，一个规范高效的数据交易市场会极大地帮助企业盘活数据资源，完成数据资源资产化，促进企业的数据化转型。这是一个数据爆炸的时代，无论是小的创业团队还是体量巨大的跨国集团，都要面临数据化转型的挑战。而数据化转型的一个重要命题就是数据资产化，通俗一点，就是如何盘活自己的数据资源，让数据变成收入。人们尤其感兴趣的是主营业务以外的收入，这是一个非常具有挑战性、全行业都面临的问题。如果有一个高效的数据资产交易所，这个问题就迎刃而解了。任何企业的任何数据资源，除了满足自己的业务需求以外，都可以考虑开发成数据指数产品，通过数据交易所交易为企业带来一笔丰厚的收入。

第三，一个规范高效的数据交易市场会极大地促进数据资产之间的市场竞争，让数据资产价格透明化，降低数据资产的使用成本。一家信贷企业需要征信得分，应该买哪家的数据，信贷企业可以有自己的选择。任何一家的数据定价过高都会驱使信贷企业去考虑其他竞争对手，因此，数据指数的拥有者都要慎重考虑价格，要根据市场的需求情况做出实时调整。这将极大地降低数据的购买成本，进一步促进数据的流转，为数据使用方提供更大的利润空间，让数据企业成长得更好。

第四，一个规范高效的数据交易市场会极大地促进数据资源的高效利用。电商网站拥有大量消费者的网站浏览行为以及购买行为数据，这些数据对于电商网站自己的经营活动有很大的价值，而对其他企业到底有什么价值并不清楚。要弄清楚这个问题，需要投入巨大的时间、精力去跟不同行业、企业、业务场景沟通、碰撞，成本极其高昂，过程无比漫长。有了数据交易所就不一样了。电商网站不需要去跟众多企业碰撞沟通它们的数据需求，只需要对数据交易所的数据交易及需求信息进行研究，看哪些数据指数更受欢迎，自己是否具备生产类似指数的可能性。例如，经过一定时间的观察可能发现，跟消费能力相关的指数很受欢迎，交易活跃。这是一个来自市场的重要信号，非常准确有效，而且成本低廉。接收到这个信号后，就可以考虑生产类似的指数，加入市场竞争。如果电商网站的数据正好支持这一需求，那么就可以用极低的成本盘活网站的数据资源。

第五，数据交易市场的形成还会极大地鼓励差异化竞争。同样是与消费能力相关的数据指数，如果已有基于银行卡交易数据的，那么就没有必有存在第二个。相反，如果一个数据指数希望存活下去，必须要跟现有的数据指数产品有所不同，比如基于 APP 数据、社交数据、POI 数据、消费数据等。不同的原始数据会产生不同的消费能力指数，它们各不相同，特点鲜明，可以更好地满足不同的业务场景。

这是脑洞大开的一章，我们一起畅想数据资产交易所以及可能的运作规律。不知能否看到符合这样理念的交易市场真的建立实现，真的希望这些讨论能够对已经暗潮涌动的数据交易提供一些建设性的思考。

数据治理与价值创造

数据治理时代

2018 年 5 月 21 日，银保监会发布《银行业金融机构数据治理指引》（以下简称《指引》）。至此，银行业金融机构进入全面数据治理时代。《指引》要求银行业金融机构将数据治理纳入公司治理范畴，并根据数据治理情况评价公司治理水平，甚至与监管评级挂钩。《指引》还鼓励银行业金融机构开展制度性探索，并设立专业岗位，为人才团队的培养建设提供制度保障。

这是一个非常积极而且重要的事件，对数据产业（不限于银行业金融机构）的健康发展具有重大意义。它带来两个重要启示：第一，从产业政策层面，银保监会作为银行业金融机构的主管机构，对数据治理的重视与推动必将对数据产业产生重大而且积极的影响。这种影响也许不仅仅局限于银行业金融机构，还包括其他与数据相关的产业。第二，从理论层面，该《指引》的发布驱动学术界从理论上思考数据治理的内涵到底是什么，它和公司治理之间到底是什么关系，数据治理的独特之处何在。这需要一个相对统一的理论框架，以便于开展理论研究并同产业实践形成良好互动。

作为本书的最后一章，我尝试根据自己的了解提出一个数据治理的大概理论框架，希望能够为相关工作提供一些思路参考。更希望能够起到抛砖引玉的作用，吸引政府以及更多的产业、学术专家一起来关注这个重大问题。一个科学合理的数据治理规范，是数据产业健康发展乃至国家人工智能战略实施不可或缺的制度保障。

本章将从以下几个方面进行讨论。第一，《指引》明确指出，数据治理应该纳入公司治理的范畴，为此，需要首先对公司治理有基本的了解。第二，数据作为一种新兴资产，它的治理工作有哪些独特、重要、具体的内容。第三，数据资产价值的创造离不开专业人才，人才团队的建立与培养至关重要。

公司治理与数据治理

《指引》第一章总则第四条明确指出："银行业金融机构应当将数据治理纳入公司治理范畴，建立自上而下、协调一致的数据治理体系。"为此，需要先了解什么是公司治理。

为了说明这个问题，我们虚构一个老王卖老鼠药的搞笑案例。假设老王开了一家小公司"老王科技"，专业售卖老鼠药。老王科技只有老王一个人。老王既是唯一股东、董事长、CEO，又是市场总监、销售骨干、前台接待。那么，老王科技的业绩好坏，取决于老王的经营能力，但无论老王科技的业绩是好还是坏，只跟老王一个人相关，跟其他人无关。这是一个纯粹的经营问题，跟公司治理无关。因为老王科技这个资产（公司）的所有者（老王，唯一股东兼董事长）和实际经营者（还是老王，兼任 CEO、市场总监、销售骨干、前台接待等众多职务）是同一个人，因此，实际经营者在他的能力范围内一定会尽全力为股东努力奋斗，不需要任何制度鞭策。如果经营不善，老王负全责，无法怨天尤人。这样的公司，只有经营问题，没有治理问题。

但是，老王科技发展得太好了，以至于必须开分店！老王科技在北京城里开了100家分店，这时老王自己一个人显然忙不过来，必须为每个分店聘请店长和员工；为了协调这100家分店的市场行为，总店聘请了市场总监；为了协调100家分店的货物配送问题，总店安排了物流主管；这么多员工，他们的招聘、离职、四险一金等工作非常烦琐，迫于无奈，老王还聘请了人力资源总监。由此，总店的员工人数也不少，老王的业余时间也没了，这严重影响了老王的生活质量。于是，老王又重金聘请了一个海归担任CEO。

至此，老王科技的员工数已由1人变成300人。这时新的问题就来了，作为老王科技的唯一股东，老王最关心的是老王科技的利益，也即老王自己的股东利益。从员工角度看，无论是高管、中层，还是店长、店员，每个人的利益跟老王都有交集（毕竟老王科技做得好，大家才有工资和奖金），但又不尽相同，老王科技的业绩跟员工个人利益并不是完全的确定性关系。于是每个员工自觉或者不自觉地都有一点自己的"小心眼"，这是正常现象。对于这个现象，如果利用得当，可以成为公司发展的巨大动力。如果治理失控，就会极大地影响公司业绩，影响公司所有相关方的权益。这时公司治理就变得极其重要了。

由此可见，狭义上，公司治理就是要解决公司实践中资产所有者和实际经营者分离所产生的矛盾。如果没有良好的治理制度保障，公司资产（例如：老王科技的分店）的实际经营者（店长和店员）极有可能做出伤害公司利益的行为（例如：利用老王科技的分店，私下兜售别的公司的产品）。这就是公司治理中经典的委托-代理问题，也是现代金融学研究的核心内容之一。

如果老王科技有融资上市计划，公司治理问题会变得更加重要。以前老王科技只有一个股东，掌握着公司中所有人的生杀大权。现在为了企业高速发展，老王科技经历了从 A 到 Z 多轮融资，终于在海外上市。上市时，老王在公司股权中的占比已经不到 10%，而其他股权散落在各个投资机构甚至散户手中。尽管通过双层的股权结构设置，老王仍然拥有在董事会的绝对控制权，但此时老王的影响力远不如前。以 CEO 为首的管理团队（公司资产的实际经营者）具备了很强的挑战老王的能力，也可以说具备了更大的用公司资产为自己谋利的可能。此时如果没有科学合理的制度设计，老王科技的前途堪忧。

目前为止，老王科技的治理问题只牵涉两方利益，即股东方（资产所有者）与管理方（实际经营者）。如果有第三方介入，老王科技的治理问题会变得更加复杂。例如，老王科技的快速发展带来了严重的环境污染，当地政府、居民以及环保主义者都对此表示强烈的不满。为了解决该问题，老王科技同当地政府、居民以及环保主义者建立了良好的沟通机制，积极采用最新的低排放生产工艺，找到了各方都满意的解决方法。此时，老王科技考量的就不仅是股东和管理层之间的利益，还包括外部第三方（当地政府、居民、环保主义者）的利益。广义来看，这也是公司治理的内容。

因此，广义上，公司治理就是对公司（作为一个资产）的所有相关者（不局限于股东和管理层，还包括第三方）利益的协调与规范。

回到数据治理问题的讨论，数据治理的对象是什么呢？数据？其实不是。数据作为一种电子化记录无处不在，大多数情况下都无关企业重大利益，并没有治理的必要。因此，数据治理的对象必须是重要的、关乎企业重大商业利益的数据资源，这样的数据资源可以称为数据资产。关于数据资产更加详细的讨论将在下一节进行。

由此可以得出一个结论：所谓数据治理，不是对数据的治理，而是对能够为企业带来商业利益的数据资产的治理。数据资产显然是公司资产的一部分，因此，无论是从狭义还是广义看，数据治理都应该是公司治理的范畴。所有关于公司治理的典型问题都可能出现在数据资产上。公司资产会出现所有者与实际经营者分离的问题，数据资产更是如此。数据资产的所有者跟实际使用经营者，基本都不是同一个人。公司资产的实际经营者有可能用公司资产谋取私利，数据资产的实际控制者更有便捷的条件通过倒卖数据谋取私利。公司的利益有可能同外部第三方发生冲突，这一问题对数据资产而言更加突出。以电商平台为例，除了股东、管理层以外，相关数据资产有一个天生的第三方——消费者。股东和管理层对数据的利益诉求极容易同消费者这个第三方发生冲突。冲突的焦点就是数据确权与隐私保护。

总结一下，数据治理，不是对数据的治理，而是对数据资产的治理，是对数据资产所有相关方利益的协调与规范。

数据资源资产化

数据治理是关于数据资产的治理。对于数据资产的定义，本书第八章已做简要介绍，这里则对数据资源的资产化进行详细阐述。数据要成为数据资产至少要满足三个条件：（1）由企业过去的交易或者事项形成；（2）企业拥有或者控制；（3）预期会给企业带来经济利益。

首先，条件（1）容易满足。企业数据资源的获得无外乎两种途径：一是企业过去正常经营的自然积累与产出，或者由于业务实施的必要而实际控制。例如，对电商网站而言，网络浏览日志数据、消费购买数据等自然而然就产生了。为了给消费者快递商品，消费者的姓名、银行卡、手机号、地址等数据也被记录下来，被电商网站实际控制。二是资源互换，可能是 A 企业通过货币（或者等价物）购买了 B 企业的数据，也可能是 A 企业的数据同 B 企业的数据做了等价置换。假设相关操作合法合规，那么这种途径获得的数据资源也符合数据资产定义的条件（1）。

其次，条件（2）的满足有一定难度。对于普通资产而言，其产权非常明晰，但数据资产的产权并不容易界定（对此第九章有大量讨论，这里不再赘述）。

最后，条件（3）也不容易满足。对于什么样的数据资源才能够产生可预期的经济收益，这里可能需要一些必要条件。

第一，记录电子化。电子化的记录才是数据，否则无法支撑规模化应用，也就不能称为数据，更谈不上产生可预期的经济收益。记录电子化这一工作意义重大，因为相关行业中，大量的历史记录都没有被电子化，而其中蕴藏着海量宝贵信息。最典型的例子莫过于病例。虽然现在的医院大量采用电子化病例，但是过去几十年里采用的都是纸质病例，这些病例上写满了只有医生护士才看得懂的"蝌蚪文"。这样的纸质病例，一个大型三甲医院可能多达上亿份，里面记录了海量的临床数据。这些数据对于医学研究、药物研发、卫生研究、政策制定都意义重大。不把这些记录电子化，就成不了数据，支撑不了科学研究和规模化应用，产生不了可预期的经济价值，因此不是数据资产。

第二，数据聚合。统一的数据聚合平台是数据资产化的优质条件。如果没有统一的数据聚合平台，每次不同的业务需求都会产生不一样的数据提取、整合、清理需求。这些需求常常需要和不同的业务部门沟通，在不同的数据库上操作，这需要高昂的沟通成本以及比较高的数据库操作技能，而这些技能往往是数据需求方（例如：业务方）不具备的，最后只能委托技术团队去完成，而技术团队的时间成本也非常昂贵。过高的数据提取和整理成本会抵消数据资源原本应有的经济效益，成为数据资源资产化的巨大障碍。而要消除这一障碍，一个统一规范的数据聚合平台不可或缺。

第三，质量保证。数据分析中有一句名言："垃圾进，垃圾出"（garbage in，garbage out）。它讲的是如果数据本身质量很差，如同垃圾一样，还被用做模型输入，那么无论模型有多么"高大上"，最后的输出仍然是垃圾，没有任何价值，由此可见数据质量的重要性。数据质量主要表现在以下方面：（1）真实性。虚假数据是没有任何意义的，而真实的数据常常分散在各个职能部门中。如果没有合理且强有力的制度保障，正常情况下，没有任何人愿意主动贡献自己的真实数据。因此，合理而强有力的制度设计非常重要。（2）完整性。数据要尽量收集完整，一套数据对被记录对象的所有相关指标的完整程度越高，相应模型的预测精度就会越好，数据资源就越有价值。相反，过多的数据缺失会极大地损害相关模型的预测精度，进而限制数据的应用能力。（3）精准性。包括三层含义：第一层，数据的逻辑要合理。以大气污染数据为例，由于 PM2.5 是 PM10 的一部分，因此，相关数据必须满足 PM10 的数值要大于 PM2.5，否则就是不合逻辑的错误数据。第二层，数据的细致程度。同样的数据，不同的采集方式和不同的存储方式带来的数据细致程度是不一样的。以车联网数据为例，数据采集应该细致到每秒还是每 15 秒？在不考虑成本的情况下，显然越细致越好。第三层，数据的精确程度。以定位数据为例，应该精确到 10 米以内还是 1 米以内？在不考虑成本的情况下，显然数据精度越高，对于业务的支撑能力就越强。

数据确权与合规

数据确权与合规是数据治理的核心问题之一。以隐私保护为例，所谓隐私保护就是要保护关乎个人隐私的数据。个人隐私数据之所以应该受到保护，是因为这些数据的滥用有可能对个人造成巨大的财产甚至人身伤害。因此，隐私保护其实就是对隐私数据的保护。从企业数据治理的角度看，一个负责任的企业应该从数据产权层面意识到相关个人是某些关键隐私数据（例如：身份证号、住址、银行卡号）的唯一合法拥有者。作为这些数据的实际控制者，企业至少要对其行为严加约束，做到合法合规；要避免因为数据资产的错误使用给相关方（例如：用户、股东）造成不必要的损失。因此，相关的数据治理规则非常重要，主要关注以下方面：

第一，数据确权。数据相关企业的经营生产一定会涉及大量的数据资产。而数据一旦成为资产，就一定有产权方或者实际控制人。那么，数据资产归谁所有？如同实物资产一样，如果错用了别人的资产，可能会产生严重的法律后果。对于实物资产，确权并不是问题。因为无论是桌椅板凳还是电脑打印机，它们的产权是非常明晰的。制造商独立制造了这些产品，整个制造过程跟消费者无关，制造商独享产权，制造完成后，消费者通过付费获得了这些实物资产的产权。但是，数据的生产过程太不一样，前面提到，大量的消费者数据被电商平台所实际控制（例如：消费者的个人信息、购物信息等），电商平台事实上在经常使用这些数据为自己的业务服务（例如：支撑电商平台自己的个性化推荐）。这些数据的生产过程显然有消费者的贡献（贡献了内容），更有电商平台的贡献（贡献了场景、软硬件环境以及运维支持）。在这种情况下，这些数据的"主人"到底是谁？有什么样的法律法规做支撑？这是一个极具挑战而又非常重要的数据治理问题。

第二，数据采集。大量的数据采集来自业务实践，但相应的数据采集过程是否合法合规？关于这方面，欧盟的《一般数据保护法案》（General Data Protection Regulation）值得研究学习，其中有几个重要的原则：一是合法正当原则。显然，非法采集的数据或者通过不正当途径获得的数据是不能被采用的。二是知情同意原则。数据作为一种电子化记录，大量记录了关乎个人隐私（例如：姓名、手机号、身份证号）或者商业机密（例如：股权结构）的信息，非常敏感。采集如此敏感的信息，被采集方充分的知情、同意并且授权，是必不可少的先决条件。三是必要性原则。由于数据可能涉及个人隐私或者商业机密等敏感信息，因此，数据采集应该遵循越少越好的原则。例如，一个电商平台的 APP 采集用户的姓名、银行卡、手机号、地址等信息是必要的，否则无法完成在线支付、线下快递等业务。但是，如果该 APP 同时采集你的社交圈信息，还要看你的电话簿记录，这就违背了数据采集的必要性原则。四是被遗忘权。小李为了注册使用老王的狗熊商城提供了大量隐私信息

（例如：银行卡号、家庭住址等），后来，小李对狗熊商城服务很不满意，决定不用了。他能否注销账号？狗熊商城能否保证所有历史相关信息都被彻底删除？

第三，使用场景。即使企业对数据拥有100％的产权或者合法合规的实际控制权，也不能对数据不分场景地任意使用。假设你有100个鸡蛋，你对这100个鸡蛋拥有100％的产权。这是否代表你可以对鸡蛋做任意处置呢？当然不是，任何处置方式都必须满足一个基本前提：不对他人造成不必要的伤害。你可以把这100个鸡蛋变成煮鸡蛋、煎鸡蛋、蒸鸡蛋，但你不能拿鸡蛋到大马路上砸汽车的挡风玻璃，这容易引起交通事故，给他人造成伤害。由于数据记录了大量关乎机构或者个人的敏感信息，因此数据资产的使用场景要慎之又慎！据了解，腾讯内部对QQ和微信的聊天记录（数据）给予最高的保密级别，称为"高压线"，不准任何人碰这部分数据。这部分数据涉及太多的用户隐私，这是一个负责任企业自我约束的好例子。因此，数据治理的一个重要工作就是定义数据的使用场景。什么样的数据可以应用于什么场景，支持什么产品，谁来使用，使用的前提条件是什么，都需要认真思考，需要必要的规章制度。

第四，使用手段。即使企业对于数据拥有100％的产权，也确定了一个合法合规的使用场景，对数据的使用手段也要非常谨慎。数据记录了很多敏感信息，对数据的每次加工使用都有泄密的风险。数据使用方应该尽其所能减少数据泄密的风险，保护相关个体的隐私。为此，要对数据的使用手段做出必要的合规要求。继续沿用上面的例子，你对 100 个鸡蛋拥有 100％的产权，并且有一个合规的使用场景，比如餐厅。餐厅售卖各种加工后的鸡蛋，例如：煮鸡蛋、煎鸡蛋、蒸鸡蛋。结果某"吃货"发现你给他提供的单面煎鸡蛋里面居然有三个蛋黄，这是一个极少见的"三黄蛋"！该"吃货"是鸡蛋大数据的高手，经过大数据分析判断出这只能够产三黄蛋的老母鸡只能是隔壁老李鸡场的 78 号老母鸡。该"吃货"把这个消息在微博、微信上大肆宣扬，后果是老李鸡场 78 号老母鸡的隐私没了，其他老母鸡都知道 78 号可以下三黄蛋，觉得非常奇葩，于是超级鄙视，议论纷纷。78 号老母鸡因此患上了严重的抑郁症，失去了产蛋能力，最后被主人老李炖成了一锅鲜美的鸡汤，下场好惨！这个例子说明，粗心大意的数据使用手段容易产生隐私泄露的风险，必要的隐私保护（或者加密）技术应该积极采用。例如，当初厨房的鸡蛋治理制度规定：不许加工单面煎鸡蛋（能看出三个蛋黄来），而是要求蛋黄蛋清必须打碎搅和均匀后才能做进一步加工，这并不会对鸡蛋的美味产生太大的影响，却能够极小化三黄蛋（一个敏感信息）被识别的可能性，因此 78 号老母鸡的隐私也就被保护了。

　　第五，数据安全。由于大量数据关乎个人隐私和商业机密，因此数据安全是一个非常重要的问题。现实生活中的数据泄露比比皆是，以我自己的经验来说，只要孩子参加了一个课外培训班，其他同行培训机构的推销信息就会跟上来。有租房经历的朋友也知道，只要在一个房产中介留下过租房信息，很快就有更多的中介找上门来。我们的个人手机号码等如此重要的个人数据是如何泄露的？数据安全是整个数据产业面临的重大问题！数据安全的保障需要必要的软件和硬件，但最需要的是一个合理的数据治理制度，该制度应该对数据从产生、使用到消亡的整个链条进行严格治理，具体内容包括但不局限于存储安全管理、用户匿名化、访问权限管理等。

价值创造与人才培养

数据资产作为一种资产的必要条件是产生可预期的经济效益或者商业价值。如何才能让数据资产创造出最大的商业价值，相应的制度保障又是什么呢？

孤立而纯粹的数据没有价值，哪怕是聚合在统一的数据平台上的数据也没有价值。数据价值的彰显必须依赖于具体的、带有不确定性的业务场景。为此，企业需要做到两点：（1）寻找带有不确定性的业务场景，只有"不确定性"这个"乱世"才有成就"价值"这个"英雄"的机会；（2）将该业务问题转

化成一个关于 Y （因变量）和 X （自变量）的数据可分析问题。
由此，抽象的业务问题变成了具体的数据分析技术问题，这是
数据资产价值创造的基本套路。为此，企业的经营管理团队从
上到下都需要具备数据思维，尤其需要有回归分析的思想。业
务团队缺乏数据思维，就无法把错综复杂的业务问题转换成技
术团队擅长的数据可分析问题；技术团队缺乏数据思维，就无
法准确理解业务需求，无法设计正确的数据产品；企业中层缺
乏数据思维，朴素的数据价值观就无法在企业内部树立，回归
分析标准的 Y，X 语言就难以普及；企业高层缺乏数据思维，
就无法从战略的高度理解数据资产的商业价值，将失去开拓优
质数据业务战略新方向的能力，并使企业价值在资本市场被
低估。

由此可见，数据资产价值创造，不是一两个人的事情，是
企业全员的事情，需要企业各个岗位的员工和管理者都深谙数
据商业价值之道，并在各自的业务实践中自觉寻找可以彰显数

据价值的业务机会。为此，企业需要全员具有以回归分析思想为核心的数据思维。由此可见，价值创造的过程本质上是一个数据思维培养的过程，是一个全员人才培养的过程。一方面需要对现有人员的数据思维做全面的培养提升；另一方面可以考虑在各个核心骨干的业务部门设立专门的岗位。该岗位人员的主要职责不是业务，不是数据，更不是技术，而是桥梁，连接业务与数据的桥梁。为此，相关人员需要对业务、数据、技术都有足够的了解。对专业深度要求低一些，但是对专业广度要求高，这样的人才就是商业分析人才。

对数据资产的价值创造而言，数据治理应该关注的不是过于具体的业务问题。真实的商业环境千变万化，带有极强的不确定性，不可能通过一成不变的规章制度去治理。以银行业为例，站在任何一个时间点，都无法绝对准确地预测未来的商业形态、业务内容，以及相应的数据分析。因此，作为一个纲领性的制度设计，数据治理不应该过分关注具体业务问题，而是应该关注人才团队的建立与培养，这才是价值创造的沃土。由于商业环境的变迁、业务形态的变化、数据价值的多样性，这片沃土上会开什么花、结什么果，并不确定。但是，只要精通数据思维的人才沃土在，就一定会开出鲜艳的花朵，结出丰硕的果实。培养人才，培养具备数据思维能力的人才，培养企业从上到下精通回归分析思想的人才，并为此提供科学的制度保障，这才是数据资产治理在价值创造方面应该关注的重点。

讨论与总结

就在本书写作的过程中，大洋彼岸传来一个令人震惊的消息：据媒体报道，一家叫剑桥分析（Cambridge Analytica）的数据公司违规使用了 5 000 万脸书用户数据。通过对这些数据分析，预测每个人的政治倾向，然后动用心理学手段形成干预的内容，最后通过脸书的广告信息，将干预内容推送到用户面前，也许能达到不知不觉中改变一个人政治倾向的目的。作为一个普通的读者，我们无法判断这样做的实际效果，但可以确认的是，脸书的数据治理有重大缺陷。脸书作为其用户数据的实际控制者，将该数据应用于其广告系统为脸书带来可观收益。对于这样的数据资源确权如果太困难，至少要做到合法合规。为此，脸书应该对数据的使用场景（例如：政治宣传或干预）以及使用手段（例如：通过广告系统推送个性化信息）建立更加严格的规章制度，加强数据治理。脸书的经验和教训对于正在兴起的数据产业极其宝贵，值得我们认真学习。最后，用脸书创始人马克·扎克伯格就剑桥分析数据违规使用问题的部分声明作为结尾，同关心数据产业健康发展的同行们共勉：

I started Facebook，and at the end of the day I'm responsible for what happens on our platform. I'm serious about doing what it takes to protect our community. While this specific issue involving Cambridge Analytica should no longer happen with new apps today, that doesn't change what happened in the past. We will learn from this experience to secure our platform further and make our community safer for everyone going forward.

图书在版编目（CIP）数据

数据资产论/王汉生著. —北京：中国人民大学出版社，2019.6
ISBN 978-7-300-26395-3

Ⅰ.①数… Ⅱ.①王… Ⅲ.①数据处理-信息产业-研究-中国 Ⅳ.①F492

中国版本图书馆 CIP 数据核字（2018）第 248527 号

数据资产论

王汉生　著

Shuju Zichan Lun

出版发行	中国人民大学出版社			
社　　址	北京中关村大街 31 号		邮政编码	100080
电　　话	010 - 62511242（总编室）		010 - 62511770（质管部）	
	010 - 82501766（邮购部）		010 - 62514148（门市部）	
	010 - 62515195（发行公司）		010 - 62515275（盗版举报）	
网　　址	http://www.crup.com.cn			
	http://www.ttrnet.com（人大教研网）			
经　　销	新华书店			
印　　刷	北京联兴盛业印刷股份有限公司			
规　　格	148 mm×210 mm　32 开本		版　　次	2019 年 6 月第 1 版
印　　张	6.75 插页 2		印　　次	2019 年 6 月第 1 次印刷
字　　数	118 000		定　　价	59.00 元